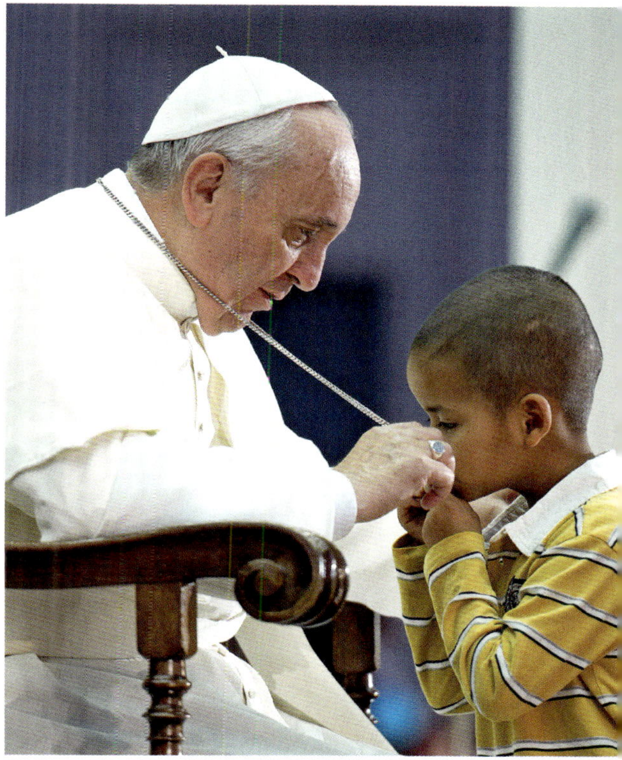

Niemand ist zweitrangig. Niemand ist der Wichtigste in der Kirche, wir sind alle gleich in den Augen Gottes. Jemand von euch könnte sagen: »Hören Sie, Herr Papst, Sie sind uns nicht gleich.« Doch, ich bin wie jeder von euch, wir sind alle gleich, wir sind Brüder! Niemand ist anonym: Wir alle bilden und bauen die Kirche!

Papst Franziskus

Ihr seid nicht allein, die Kirche ist mit euch, der Papst ist mit euch. Ich trage jeden von euch im Herzen und mache mir die Anliegen, die euch innerlich bewegen, zu Eigen.

Papst Franziskus

Franziskus –
Papst mit Herz & Seele

Ein unterhaltsames Porträt
mit vielen Anekdoten

benno

Der Franziskus-Effekt

»Eine Art Papstwunder« nennt es der ehemalige bayerische Kultusminister Hans Maier. Andere sprechen vom »Franziskus-Effekt«. Die weltweite Begeisterung für den Papst aus Argentinien ist riesig. Das zeigt sich nicht nur im Besucheransturm auf den Vatikan. Einer Studie des Religionssoziologen Massimo Introvigne zufolge zieht Franziskus die Menschen auch verstärkt in die Kirchen und zur Beichte. Dieser Effekt ist in über der Hälfte der katholischem Gemeinden Italiens spürbar. Dass sich allein in Italien Hunderttausende Menschen angeregt durch Franziskus wieder der Kirche nähern, bezeichnet Introvigne als »massiven und sogar spektakulären Effekt«.

Reißen wir die Tür unseres Lebens auf für die Neuheit Gottes, die der Heilige Geist uns schenkt: Das ist eine wahre Freude!

Papst Franziskus

Neue Leidenschaft

Weggefährten, die Bergoglio als Erzbischof von Buenos Aires kannten und ihn jetzt als Papst erleben, bemerken oft, er habe seit seiner Wahl zum Papst neue Energie, wirke geradezu verjüngt. Auch Óscar Andrés Rodríguez Maradiaga, einer der acht Kardinäle, die den Papst bei der Reform der Kurie beraten, nimmt diese Veränderung wahr: »Die neue Perspektive hat ihm eine neue Leidenschaft verliehen«, sagt der Kardinal aus Honduras.

Als Erzbischof von Buenos Aires hatte Bergoglio bereits Pläne für seinen Ruhestand geschmiedet. Mit 75 Jahren muss jeder Bischof dem Papst seinen Rücktritt anbieten, den dieser annehmen oder ablehnen kann. Bergoglios Schreiben an Papst Benedikt XVI. war vor dem Konklave 2013 längst in Rom. Bei der Erledigung seiner neuen Aufgaben erlebt Kardinal Rodríguez Maradiaga den Papst »voller Enthusiasmus«.

Ein Klassenfoto der Grundschule Pedro Cervio in Buenos Aires aus dem Jahr 1943; der siebenjährige Jorge Bergoglio sitzt in der vordersten Reihe ganz rechts.

Schulkameraden aus Flores

Das Geburtshaus von Jorge Mario Bergoglio steht in der Calle Membrillar 1531 im Stadtteil Flores von Buenos Aires. In der argentinischen Hauptstadt gibt es starke Gegensätze zwischen Arm und Reich. Flores ist ein Viertel der Mittelklasse; hier wohnen die ganz normalen »kleinen Leute«. Auch die Bergoglios gehörten zur Mittelklasse. Der Vater arbeitete als Buchhalter bei der Eisenbahngesellschaft. Der Bahnhof des Viertels liegt nicht weit von der Kirche Basílica de San José de Flores, die Ende des 19. Jahrhunderts eingeweiht wurde.

In Flores trifft man immer noch genug Menschen, die Jorge Mario von früher kennen, mit ihm gemeinsam zur Schule gegangen sind. Francisco Hugo, ein ehemaliger Schulkamerad, beschreibt ihn als »anständigen Charakter«, der nie viel Aufhebens von sich gemacht hat und manchmal sein Pausenbrot teilte. Als er Bergoglio später im Fernsehen sieht, meint Hugo: »Er hat sich eigentlich nicht verändert.«

CONSEJO 11
ESCUELA 8
6 go. 1 T.M

Jorge Mario Bergoglio trinkt gern mal einen Mate-Tee, das Nationalgetränk Argentiniens; im großen Bild am 3. März 2013 in Buenos Aires, eine der letzten Aufnahmen kurz vor dem Abflug zum Konklave nach Rom, im kleinen Bild bei seinem Besuch in Assisi im Oktober 2013.

Momentaufnahmen aus Buenos Aires: oben links: Kardinal Bergoglio mit einem Wimpel seines Lieblings-Fußballvereins San Lorenzo, bei dem er seit 2011 Mitglied ist; oben rechts: bei der Fußwaschung am Gründonnerstag 2008 wäscht Bergoglio die Füße von Jugendlichen in einer Drogenentzugsklink; unten links: im April 2000 lässt sich Bergoglio mit zwei Kindern bei einer Osterprozession in den Slums der Villa 21-24 fotografieren; unten rechts: Mit der U-Bahn unterwegs. Kardinal Jorge Mario Bergoglio benutzte während seiner Zeit als Erzbischof von Buenos Aires die öffentlichen Verkehrsmittel, hier in einem Bild aus dem Jahr 2008.

Rückflugticket verfällt

Am 26. Februar, also kurz vor Beginn der Sedisvakanz, bricht Jorge Mario Bergoglio zum Konklave nach Rom auf. Vor seiner Abreise sagte er zu einem seiner engsten Mitarbeiter in Buenos Aires: »Ich habe keine Chance, Papst zu werden. Das Alter spricht diesmal gegen mich.« Tatsächlich ist Kardinal Bergoglio bereits 76 Jahre alt, als er sich zum Konklave aufmacht; nur zwei Jahre jünger als Joseph Ratzinger bei seiner eigenen Wahl 2005. Würden die Kardinäle wieder ein Kirchenoberhaupt wählen, das möglicherweise wenige Jahre später nicht mehr die Kraft für das Amt verspürt? Kardinal Bergoglio hält das für wenig wahrscheinlich. Seinen Rückflug hat er für den 23. März gebucht. Ganz so schnell wird er nun wohl nicht nach Buenos Aires reisen können.

Ihr wisst, es war die Aufgabe des Konklaves, Rom einen Bischof zu geben. Es scheint, meine Mitbrüder, die Kardinäle, sind fast bis ans Ende der Welt gegangen, um ihn zu holen.

Papst Franziskus

Wenige Tage vor dem Konklave 2013 weht ein heftiger Wind im Vatikan und bläst einem Kardinal das rote Scheitelkäppchen vom Kopf. Kardinal Bergoglio eilt ihm zu Hilfe.

Die »Bewerbungsrede«

Vor dem Konklave nehmen sich die aus aller Welt angereisten Kardinäle Zeit, ausführlich in der Generalkongregation miteinander über die Situation der Kirche zu reden und zu beraten, welche Art von Papst sie in Zukunft haben wollen. Jeder Kardinal kann sich zu einem Thema seiner Wahl zu Wort melden. Die Redezeit ist dabei wegen der großen Anzahl der Wortmeldungen auf fünf Minuten begrenzt. Am 8. März – es ist bereits der fünfte Tag der Beratungen – meldet sich Jorge Mario Bergoglio zu Wort. Seine kurze Rede, die mit etwas mehr als drei Minuten sogar noch deutlich unter dem Zeitlimit bleibt, hinterlässt einen tiefen Eindruck. Nach der Wahl stimmt der neue Papst einer Veröffentlichung der Rede zu – entgegen der sonst üblichen Geheimhaltung. In sehr klaren Worten kritisiert er darin die Selbstbezogenheit der Kirche. Mit Blick auf eine Bibelstelle aus der Offenbarung, in der es darum geht, dass Jesus an der Tür steht und anklopft, meint er: »In dem Bibeltext geht es offensichtlich darum, dass er von außen klopft, um hereinzukommen. Aber ich denke an die Male, wenn Jesus von innen klopft, damit wir ihn herauskommen lassen. Die egozentrische Kirche beansprucht Jesus für sich drinnen und lässt ihn nicht nach außen treten.«

Evangelisierung setzt in der Kirche kühne Redefreiheit voraus, damit sie aus sich selbst herausgeht.

Papst Franziskus

Buona sera

Die Spannung ist riesengroß, als um 20:22 Uhr endlich der neue Papst die Loggia des Petersdoms betritt. Bereits kurz nach 19 Uhr war der weiße Rauch aus dem Schornstein der Sixtinischen Kapelle aufgestiegen und hatte das Ende des Konklaves verkündet. Seitdem warten Tausende Menschen bei strömendem Regen ungeduldig auf dem Petersplatz und Millionen weitere an den Fernsehgeräten in aller Welt. Wer ist der Neue? Etwas unscheinbar wirkt er, beinahe schüchtern. Keine großen Gesten, kaum ein Lächeln. Aufmerksam betrachtet er die Menschenmenge auf dem Petersplatz. Und dann, ganz unprätentiös, die ersten Worte: »Fratelli e sorelle, buona sera!« – Mit einem einfachen »Guten Abend« begrüßt er die »Brüder und Schwestern« und meint, die Kardinäle seien »fast bis ans Ende der Welt gegangen«, um den neuen Bischof für Rom zu finden. Ungemein sympathisch und bescheiden wirkt er, als er zunächst mit den Gläubigen für Benedikt XVI. betet und ganz am Ende – bevor er den traditionellen Segen »urbi et orbi« spendet – die Menschen um einen Gefallen bittet: Sie sollen zunächst still für ihn beten. Ein paar Augenblicke herrscht dann tatsächlich tiefes Schweigen auf dem großen Platz. Zum Schluss wünscht er allen »Gute Nacht und angenehme Ruhe«.

Habemus Papam: Am Abend des 13. März 2013 begrüßt Papst Franziskus von der Loggia des Apostolischen Palastes die Menschen auf dem Petersplatz.

Auf Augenhöhe

Warum der neue Papst so lang braucht, bis er die Loggia des Petersdoms betritt? Es liegt nicht etwa am Lampenfieber oder daran, dass die weiße Soutane nicht passt – nein, das Prozedere ist im Vorfeld gut vorbereitet. Beinahe zu gut, wie der neue Papst feststellt. Als er auf die Loggia treten will, bemerkt er ein Podest, das dort für ihn aufgebaut wurde. Er soll leicht erhöht stehen und unter den Kardinälen herausragen. Doch das passt ihm ganz und gar nicht. Seine »Brüder« möchte er auf Augenhöhe um sich haben. So schleichen sich zwei Handwerker – unbemerkt von der Menge auf dem Petersplatz – in gebückter Haltung auf die Loggia und bauen das Podest in Windeseile wieder ab.

Erster Tag als Papst

Was macht ein Papst am ersten Tag im Amt? Natürlich gibt es jede Menge zu tun und vorzubereiten. Franziskus begibt sich am Morgen nach seiner Wahl jedoch zuerst einmal in die Basilika Santa Maria Maggiore, um dort allein in aller Frühe zu beten. Kurz nach 8 Uhr traf er an der größten Marienkirche Roms ein und betrat sie durch einen Seiteneingang. Vor dem Marienbildnis »Salus Populi Romani« (Beschützerin des römischen Volkes), das in der Basilika verehrt wird, verharrte er im stillen Gebet, um das Bistum Rom der Fürsprache der Muttergottes anzuvertrauen.

Wir müssen uns doch daran gewöhnen, normal zu sein.

Papst Franziskus

Völlig überrascht war eine Gruppe von Schülern, die sich zufällig in der Kirche aufhielten, hier den neuen Papst zu treffen. Wegen der unerwarteten Begegnung mit dem sympathischen Pontifex kamen sie zu spät zur Schule, was unter diesen Umständen sicher verzeihlich war.

Auf dem Rückweg von der Basilika machte Franziskus noch rasch im Gästehaus halt, in dem er während des Konklaves gewohnt hatte, um selbst seine Sachen zu packen und seine Rechnung zu bezahlen – auch das eine ungewöhnliche Geste.

MARZO 2013
ELENCO TELEFONICO PERSONALE
MARZO
14

Im vatikanischen Gästehaus Casa Santa Marta: Die Suite 201, in der Papst Franziskus wohnt, besteht aus einem Schlafzimmer und einem Wohn- bzw. Arbeitszimmer, in dem er auch Gäste empfängt.

Eine Nummer kleiner, bitte!

Als Papst Franziskus die päpstliche Wohnung im Apostolischen Palast in Augenschein nimmt, erscheint sie ihm sofort »viel zu groß«, wie er einem befreundeten argentinischen Priester in einem Brief mitteilt. Kurzerhand beschließt er, im vatikanischen Gästehaus Santa Marta zu leben. Dort bewohnt er nun im zweiten Stock die Suite 201. Als er gefragt wird, warum er sich für das Gästehaus entschieden hat, gibt Franziskus »psychologische Gründe« an: »Ich habe das Bedürfnis, unter den Leuten zu leben, und lebte ich alleine, vielleicht ein bisschen isoliert, so täte mir das nicht gut.«

Das Domus Santa Marta beherbergt wechselnde Gäste: Bischöfe, Priester und Laien. »Dort sehen mich die Leute und ich führe ein ganz normales Leben«, schreibt Franziskus an den Freund in Argentinien. Tatsächlich isst er gemeinsam mit allen anderen im allgemeinen Speisesaal, benutzt zum Leidwesen der Security-Mitarbeiter wie alle den Fahrstuhl, feiert morgens in der Hauskapelle des Gästehauses die öffentliche Messe ... Damit sorgt er allerdings auch für Irritation. Vatikansprecher Federico Lombardi hofft zunächst, dass es sich der Pontifex noch einmal anders überlegt. Er lässt verlauten, der Papst befinde sich »in einer Phase der Eingewöhnung und des Experimentierens«. Doch aus der Orientierungsphase ist mittlerweile eine langfristige Lösung geworden.

> Wenn ich mich in meinem Alter verändern würde, wäre ich lächerlich.
>
> Papst Franziskus

telefe

Seit ihr Bruder zum Papst gewählt ist, wird seine jüngere Schwester, Maria Elena Bergoglio, von Reportern aus aller Welt aufgesucht. Sie wohnt in Buenos Aires.

Ein »armer Bursche«

Maria Elena Bergoglio, die jüngere Schwester von Jorge Mario Bergoglio, die als einzige seiner drei Geschwister noch am Leben ist, verfolgt zusammen mit ihrem Sohn Jorge Vallejos das »Habemus Papam« im Fernsehen. Eigentlich habe sie sich gewünscht, dass Kardinal Odilo Scherer aus Brasilien der neue Papst werden würde, den »habe ich immer gemocht«, berichtet Maria Elena in einem Interview. »Wir haben den Fernseher angemacht, um herauszufinden, wer der arme Bursche ist, der zum Papst gewählt wurde.« Eine Vorahnung, dass dieser »arme Bursche« ihr eigener Bruder sein würde, hat sie nicht. Anders als beim letzten Konklave 2005 hatte sie sich bei der Verabschiedung von ihrem Bruder dieses Mal überhaupt keine Sorgen gemacht, dass sie ihn eventuell so schnell nicht wiedersehen würde.

»Ich konnte nicht Nein sagen.«

Am Samstag nach seiner Wahl ruft Franziskus seine Schwester Maria Elena Bergoglio an; es ist nur ein kurzes Telefongespräch. Er bittet sie, Grüße an die ganze Familie auszurichten, es gehe ihm gut. Zu seiner Wahl meint er, die Dinge hätten sich so ergeben: »Ich konnte nicht Nein sagen.« Bei einem zweiten Anruf, so berichtet die Schwester, haben sie ganz unbefangen miteinander geredet. Sie sei auch nicht auf die Idee gekommen, ihren Bruder Jorge mit Francesco anzureden. »Es war ein normales Gespräch, wie wir das immer hatten. Beispielsweise wollte er wissen, was ich koche!« Natürlich ist sie etwas traurig, ihren Bruder so schnell nicht wiederzusehen, aber »ich habe Millionen neue Brüder und Schwestern hinzugewonnen und ich versuche herauszubekommen, wie ich meinen Bruder mit all diesen neuen Familienmitgliedern teilen kann«.

Franziskus begrüßt Benedikt XVI. am 5. Juli 2013 in den vatikanischen Gärten, wo sie gemeinsam der Einweihung einer Statue des Erzengels Michael beiwohnen.

Gipfeltreffen der Päpste

»Treffen sich zwei Päpste.« – Dieser beliebte Kurzwitz, der mit nur vier Worten auskommt, hat seit dem 23. März 2013 seine Pointe verloren. Inzwischen ist es nämlich tatsächlich möglich, dass ein Papst seinen Vorgänger trifft. Benedikt XVI. ist offiziell »papa emeritus«, emeritierter Papst. In Castel Gandolfo, wohin er sich nach seinem Rücktritt zunächst zurückgezogen hatte, empfängt er an diesem denkwürdigen Tag seinen Nachfolger. Benedikt XVI. erwartet Franziskus am Hubschrauberlandeplatz. Das private Treffen beginnt mit einer herzlichen Umarmung. Danach reden die beiden in Weiß gekleideten Päpste eine Dreiviertelstunde in der Bibliothek unter vier Augen, essen zusammen Mittag und gehen in die Kapelle zum gemeinsamen Gebet. Auch wenn sich manch einer zuvor über Protokollfragen den Kopf zerbrochen hat, verläuft die historische Begegnung völlig entspannt und freundlich. Mit entwaffnender Herzlichkeit sagt Franziskus: »Wir sind Brüder.« Kurz darauf unterstreicht er diesen Satz mit einer bemerkenswerten Geste: In der Kapelle der Papstresidenz war für Franziskus die päpstliche Kniebank vor dem Altar aufgebaut. Er ignoriert sie kurzerhand, geht an ihr vorbei und kniet sich neben Benedikt XVI. in eine Bank im Kirchenschiff.

Als Benedikt XVI. zurückgetreten ist, war das für mich ein Vorbild an Größe! Nur ein Großer tut das! Ein Mann Gottes und ein Mann des Gebetes.

Papst Franziskus

Im direkten Kontakt: Papst Franziskus bei der Generalaudienz am 5. Juni 2013 auf dem Petersplatz

Ein Premieren-Papst

Dass mit Papst Franziskus ein frischer Wind im Vatikan weht, deutet sich in gleich mehreren »Premieren« an: Es ist das erste Mal in der 2000-jährigen Geschichte des Papsttums, dass der Pontifex aus Lateinamerika kommt. Franziskus ist der erste Jesuit auf dem Stuhl Petri, und der erste, der sich nach dem heiligen Franz von Assisi benennt. Gleich in den ersten Tagen seines Pontifikats setzt er Zeichen, die zeigen: Hier meint es einer ernst mit der »geistlichen Erneuerung« der Kirche. Es sind die unkonventionellen Gesten, mit denen er charmant, aber selbstbewusst das Protokoll durchbricht.

JUVENTU

Am Gründonnerstag 2013 begibt sich Franziskus zur rituellen Fußwaschung an die Ränder der Gesellschaft. Im Jugendgefängnis Casa del Marmo feiert er mit den Häftlingen die Messe und wäscht ihnen die Füße. Darunter sind auch junge Frauen und Muslime.

Bei der Karfreitagsmesse am
29. März 2013 im Petersdom.

Frischer Konzilswind

Seit Franziskus Papst ist, fegt der Geist des Aufbruchs wie ein frischer Wind durch die Kirche. Seine Dynamik ist ansteckend. Wenige Monate zuvor hatte man ein besonders Jubiläum gefeiert: Vor 50 Jahren war das Zweite Vatikanische Konzil eröffnet worden. Auch damals, so berichten Anekdoten, habe Johannes XXIII. die Fenster aufgestoßen und »frischen Wind« gefordert. Nun äußert Franziskus Kritik an der Umsetzung des II. Vatikanums.

Bei einer Morgenmesse im vatikanischen Gästehaus findet er deutliche Worte: »Um es klar zu sagen: Der Heilige Geist ist für uns eine Belästigung. Er bewegt uns, er lässt uns unterwegs sein, er drängt die Kirche weiterzugehen. Aber wir sind wie Petrus bei der Verklärung ... Wir wollen, dass der Heilige Geist sich beruhigt, wir wollen ihn zähmen. Aber das geht nicht. Denn er ist Gott und ist wie der Wind, der weht, wo er will. Er ist die Kraft Gottes, der uns Trost gibt und auch die Kraft vorwärtszugehen. Es ist dieses ›Vorwärtsgehen‹, das für uns so anstrengend ist. Die Bequemlichkeit gefällt uns viel besser.«

Mit Blick auf das Konzilsjubiläum sagt er: »Wir feiern dieses Jubiläum und es scheint, dass wir dem Konzil ein Denkmal bauen, aber eines, das nicht unbequem ist, das uns nicht stört. Wir wollen uns nicht verändern und es gibt sogar auch Stimmen, die gar nicht vorwärts wollen, sondern zurück«. Auch bei einem Treffen mit lateinamerikanischen Ordensleuten klagt er über Traditionalisten, denen er begegnet war: »Man fühlt sich wie 60 Jahre zurückversetzt, vor das Konzil!«

Deutliche Botschaften

Zur ersten Osterbotschaft von Papst Franziskus strömen Hunderttausende Menschen auf den Petersplatz. Anders als seine Vorgänger verzichtet Franziskus darauf, seine Ostergrüße in über 60 Sprachen vorzutragen, und beschränkt sich auf das italienische »Buona Pasqua«, »frohe Ostern«. Seine Botschaft ist allerdings deutlich zu vernehmen. In ihrer Osterbotschaft rufen Päpste traditionell zu mehr Frieden und Versöhnung in der Welt auf. Selten wird dieser Aufruf aber so konkret wie bei Franziskus. Er spricht den Konflikt zwischen Israelis und Palästinensern an, »der schon viel zu lange andauert«, und bittet für Frieden in Krisenherden wie dem Irak, Syrien, Mali und Korea.
Auch auf gesellschaftliche Missstände wie Profitgier, Gewalt, Drogenhandel und Umweltzerstörung geht Franziskus ein und fordert die Menschen auf, zu Hütern der Schöpfung zu werden. Das sind verständliche Worte und konkrete Botschaften. »Papst Franziskus kommt in seiner Predigt immer schnell auf den Punkt«, stellt der Chefredakteur der Jesuitenzeitung »Civilta Cattolica«, Pater Antonio Spadaro, fest.

Der Papst und die Bundeskanzlerin

Als Papst Franziskus am Samstag vor Pfingsten Angela Merkel zu einer Privataudienz empfängt, ist das ein Bruch mit den ungeschriebenen Gesetzen des Vatikans. Oder einfach eine nette Geste. Immerhin ist im September 2013 Bundestagswahl, und es ist unüblich, dass der Papst Politiker in den sechs Monaten vor einer Wahl empfängt. Für Angela Merkel macht Franziskus also eine Ausnahme.

> Ich glaube, dass Papst Franziskus durch sehr einfache und berührende Worte die Menschen erreicht.
>
> Angela Merkel

In dem 45-minütigen Treffen sprechen sie über Glaubensfragen, die Globalisierung und die Rolle Europas in der Welt, gerade mit Blick auf die Finanzkrise.
Sicher gefreut haben wird sich Franziskus über die Gastgeschenke aus Deutschland, die Angela Merkel mit dem Hinweis überreicht, sie sei sich nicht sicher, ob er dafür genug Zeit fände. Es sind die Werke seines Lieblingsdichters Friedrich Hölderlin in einer sehr schönen antiquarischen Ausgabe von 1905 und die Gesamtaufnahmen – immerhin 107 CDs – des Dirigenten Wilhelm Furtwängler. Schon als Erzbischof hatte Bergoglio in einem Interview eine Furtwängler-Aufnahme als seine Lieblingsmusik genannt. Er halte ihn für den »besten Dirigenten einiger Symphonien [Beethovens] und einiger Werke von Wagner«.

Zwei, die sich offensichtlich verstehen:
Unterhaltung mit »Händen und Füßen«.

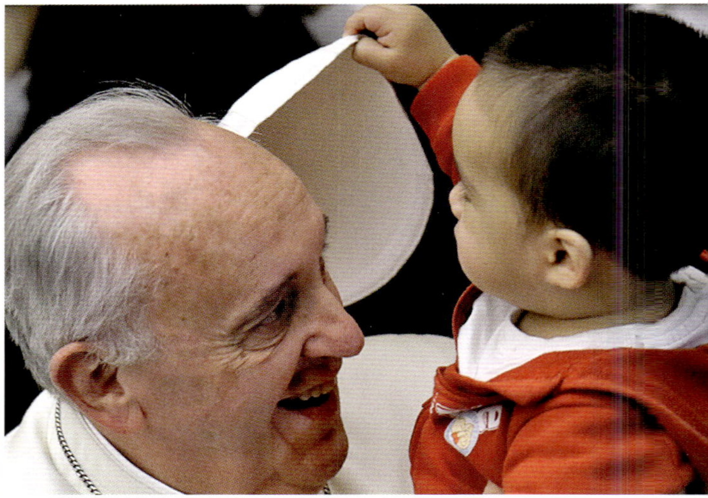

Heiliger Sohn

Wo immer er kann, versucht Franziskus zu verhindern, dass viel Aufhebens von seiner Person gemacht wird oder dass Menschen, die ihm begegnen, einen zu ehrfürchtigen Ton anschlagen. Als Bekannte von früher in den ersten Tagen nach seiner Wahl bei Telefonaten besorgt fragen, wie sie ihn denn zukünftig anreden sollen, antwortet er meist, er sei für sie weiter Pater Bergoglio oder Pater Jorge. Schon als Kardinal bevorzugte er die schlichte Anrede »Monsignore« statt des pompösen Kardinalstitels »Eminenz«. Als nun im Speisesaal des vatikanischen Gästehauses der philippinische Kardinal Luis Tagle zu Papst Franziskus an den Tisch tritt und fragt: »Heiliger Vater, darf ich mich zu Ihnen setzen?«, da sitzt dem »Heiligen Vater« wohl der Schalk im Nacken. Er antwortet: »Aber bitte doch, Heiliger Sohn.« Luis Tagle, der mit 55 Jahren der zweitjüngste Teilnehmer am Konklave war, wirkt tatsächlich noch deutlich jünger, so dass er und Bergoglio vor dem Konklave darüber gescherzt hatten, dass man ihn für einen Seminaristen halten könne. Tagle gehört zu denen, die Bergoglio ihre Stimme gegeben haben. Er ist begeistert: »Franziskus hat das Herz eines Hirten.«

Papst Franziskus hat wirklich das Herz eines Hirten. Er wird immer die Kirche zu den Menschen bringen.

Kardinal Luis Tagle

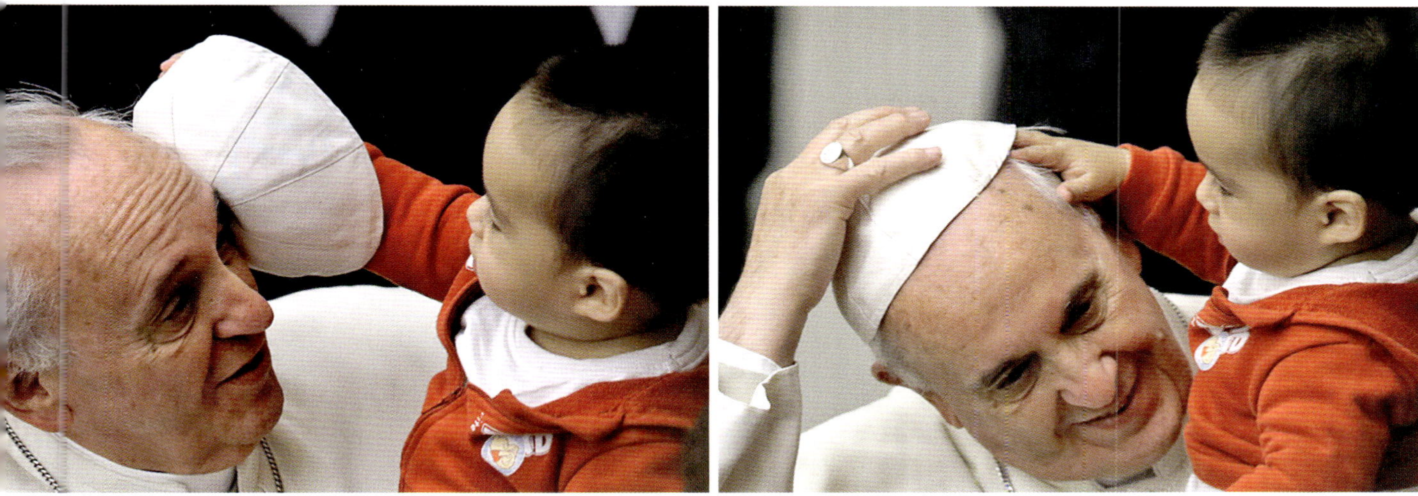

Was ist da wohl drunter? Bei einer Begegnung mit Kindern verliert Papst Franziskus kurzzeitig sein Pileolus.

Keine Langeweile!

So mancher offizielle Anlass kann – selbst wenn es gut gemeint ist – durch eine längere Rede höchst langweilig werden. Besonders wenn die Zuhörer Kinder sind. Dessen ist sich Papst Franziskus wohl bewusst, und als er Anfang Juni 2013 8000 Schülerinnen und Schülern von Jesuitenschulen zu sich einlädt, können diese feststellen: Ein Langweiler ist Franziskus auf jeden Fall nicht.

»Ich habe hier einen Text vorbereitet, aber das sind fünf Seiten. Etwas langweilig«, beginnt der Papst seine Ansprache und legt die vorbereitete Rede über die Spiritualität der Jesuiten kurz entschlossen zur Seite. Er werde sie dem Jesuitenprovinzial mitgeben, sodass sie die Schüler dann lesen könnten. Dann fordert er die Kinder auf, ihm einfach Fragen zu stellen. Was folgt, ist eine wunderbar spontane Veranstaltung. Weder die Fragen noch die Antworten sind vorbereitet, und die Kinder fragen einfach, was ihnen gerade einfällt: ob er Papst habe werden wollen (nein, wollte er nicht) und ob er noch Kontakt zu alten Freunden habe (oh ja, ohne Freunde zu leben sei einfach unmöglich!). Die Stimmung in der Audienzhalle hätte besser nicht sein können.

Gottesdienst auf der Flüchtlingsinsel

Die erste Reise außerhalb der Grenzen Roms führt Franziskus nicht etwa an einen Wallfahrtsort, sondern in ein Randgebiet menschlicher Existenz, auf die Flüchtlingsinsel Lampedusa. Die Insel zwischen Tunesien und Sizilien ist seit den 1990er Jahren das Ziel Tausender Flüchtlinge aus Afrika, die ihr Leben aufs Spiel setzen, um nach Europa zu kommen. Oft sind sie mit kaum seetauglichen Booten unterwegs, allein auf sich und ihre unzureichenden Navigationskenntnisse gestellt, und regelmäßig kommt es zu Schiffsunglücken mit Todesopfern. 19000 Menschen sollen bisher so ihr Leben gelassen haben. In Lampedusa warten zwei Auffanglager auf die illegalen Flüchtlinge. Sie sind hoffnungslos überfüllt; immer wieder eskaliert die Situation in Protesten gegen die haftähnlichen Bedingungen. Europa schaut weg, so scheint es.

Gegen diese Gleichgültigkeit setzt Franziskus ein Zeichen. Gemeinsam mit Einheimischen und Flüchtlingen feiert er am Hafen eine Messe und wirft vom Boot aus einen Kranz ins Meer – zum Gedenken an die Flüchtlinge, die ihr Leben auf See verloren haben. Symbolhaft ist auch, dass Franziskus in einem violetten Gewand zelebriert, der Farbe der Buße. Eine Beteiligung hochrangiger Politiker hatte sich Franziskus im Vorfeld verbeten und beispielsweise auch die Mitreiseanfrage des italienischen Innenministers Angelino Alfano abgelehnt. Er ist gekommen, »um eine Geste der Nähe zu setzen, aber auch um unsere Gewissen wachzurütteln«, nicht aber um Politikern beim Aufpolieren ihres Images zu helfen.

Ein Stich ins Wespennest

»Bei allem Respekt vor den Worten des Heiligen Vaters«, das geht zu weit! Die Meinung der Vorsitzenden der rechtspopulistischen Partei Lega Nord, Gianna Gancia, zum Papstbesuch auf Lampedusa steht fest: Er hat, kurz gesagt, keine Ahnung von Einwanderungspolitik.

Es ist nur eine Stimme unter den verschiedenen Meinungen, die aus allen politischen Lagern Italiens nach dem Besuch der Flüchtlingsinsel laut werden. Wie ein Stich ins Wespennest hat die erste Reise des Papstes gewirkt. Vielen erscheint sie – sicher zu Recht – als ein Seitenhieb auf die italienische Flüchtlingspolitik. Kritisch äußerte sich auch der Fraktionsvorsitzende von Silvio Berlusconis Partei PDL, Fabrizio Cicchitto: »Die religiöse Predigt ist eine Sache, eine andere jedoch der staatliche Umgang mit einem so schwierigen, komplexen und tückischen Phänomen wie der illegalen Einwanderung«, wies er das Kirchenoberhaupt zurecht.

Unterstützung erhielt der Papst aus dem linken politischen Spektrum. Marco Furfaro, der migrationspolitische Sprecher der SEL (»Linke Ökologie Freiheit«), lobte den Besuch als »großes Ereignis«: »Der Papst hat das getan, was die Politik sich zu viele Jahre zu tun geschämt hat; er hat die, die vor unserer Tür auftauchen, umarmt und willkommen geheißen.«

Das Cover der Juli-Ausgabe von
»Vanity Fair« mit Papst Franziskus
als »Mann des Jahres«.

Mann des Jahres

Anfang Juli kürt die italienische Ausgabe der Zeitschrift »Vanity Fair« Papst Franziskus vorfristig zum »Mann des Jahres«. Auf der Titelseite, die sonst eher Popstars und Schauspieler zieren, prangt ein Foto des Papstes und der Titel »Papa Coraggio«, der mutige Papst. In den ersten 100 Tagen seines Amtes, heißt es zur Begründung, sei er durch klare Worte, Tatkraft und mutige, unkonventionelle Gesten aufgefallen. Auch Prominente wie der italienische Sänger Andrea Boticelli oder Popstar Elton John kommen zu Wort und äußern sich begeistert über Franziskus, den sie als »ein wahrhaftiges Geschenk Gottes« verstehen.

Wie der Papst, der bei öffentlichen Auftritten selbst wie ein Popstar bejubelt wird, mit dem Kult um seine Person umgeht? Auch wenn es zu seinem Amt »dazugehört«, ist ihm der Rummel nicht ganz geheuer. An Pfingsten fordert er die Gläubigen, die auf dem Petersplatz in Sprechchören seinen Namen rufen, auf, stattdessen lieber den Namen des Herrn zu rufen: »Ab jetzt nicht mehr Franziskus, sondern Jesus. In Ordnung?« Und bei einer Generalaudienz mahnt er: »Niemand ist der Wichtigste in der Kirche ... Ich bin wie jeder von euch, wir sind alle gleich, wir sind Brüder!«

FEMMINICIDI
SOLO €1,50
L'UOMO DELL'ANNO
(ELETTO IN ANTICIPO)
FRANCESCO PAPA CORAGGIO
Visto da loro
ERRI DE LUCA
DON VIRGINIO COLMEGNA
DACIA MARAINI
GIORGIO FALETTI
ANDREA BOCELLI
ELTON JOHN
MARGHERITA
L'Espresso
Ricordo

Ansteckende Glaubensfreude: Zu jungen Leuten hat Papst Franziskus einen besonders guten Draht. Hier bei seinem Pastoralbesuch in Assisi am 4. Oktober 2013 sagt er den Jugendlichen: »Wisst ihr, was Franziskus einmal zu seinen Mitbrüdern gesagt hat? ›Werdet nie müde, das Evangelium zu predigen, und wenn es sein muss, auch mit Worten!‹. Was soll denn das heißen? Kann man das Evangelium auch ohne Worte predigen? Aber ja! Mit dem Zeugnis!«

Papst Franziskus mit einem Kind nach der Eucharistiefeier mit den kirchlichen Bewegungen am Pfingstsonntag, 19. Mai 2013.

Diener zweier Herren

Gleichzeitig Privatsekretär des emeritierten Papstes und enger Mitarbeiter des amtierenden Papstes – wie soll das gehen? Georg Gänswein scheint irgendwie zwischen den Stühlen zu sitzen. Und weil die Medien gern die Unterschiede zwischen Franziskus und Benedikt XVI. betonen, können sie sich schlecht vorstellen, dass Georg Gänswein mit seiner Rolle als »Diener zweier Herren« glücklich ist. Er tue sich schwer mit Franziskus, heißt es immer wieder. Oder noch drastischer: Er »lästere« über den Benedikt-Nachfolger.

> Franziskus hat bei allem, was er tut und sagt, Rückenwind. Seine Herzlichkeit ist echt und keine strategische Aktion.
>
> Georg Gänswein

Nach einem ähnlichen Bericht in der »Zeit« sagt er: »Das ist Quatsch«, und berichtet in einem Interview mit dem Magazin »Cicero« ausführlich: »Am Anfang begleiteten mich gemischte Gefühle. Im Laufe der Zeit merkte ich, wie gut das Verhältnis von Papst Franziskus zu seinem Vorgänger ist ... Diese Erfahrung war mir eine große emotionale Hilfe.« Dennoch gibt er zu, dass die Umstellung nicht leicht ist: »Papst Franziskus pflegt einen Stil, der einem nicht wenig abverlangt.«

Verkehrschaos in Rio

Seine erste Auslandsreise führt Papst Franziskus beinahe in seine Heimat: nach Brasilien zum Weltjugendtag. Die Begeisterung für den Papst, der erst wenige Monate im Amt ist und schon viel von sich reden macht, ist groß. Für die Sicherheitskräfte wird es allerdings schwierig, denn Franziskus besteht darauf, ein »Papst zum Anfassen« zu sein. Er mag nicht auf Distanz zu den Menschen gehen. Als er vom Flughafen kommt, fährt er deshalb in einem ungepanzerten Kleinwagen, einem Fiat, Richtung Stadtzentrum. An einer Stelle ordnet sich der Fahrer falsch ein. Statt auf der extra für den Papst gesperrten linken Fahrspur landet der Fiat mitten im dichtesten Verkehr, bleibt immer wieder stecken und Hunderte Menschen bestürmen den Wagen. Es kommt zu tumultartigen Szenen, aber Franziskus bleibt gelassen. Er kurbelt sogar das Fenster herunter, um Hände zu schütteln. »Sein Sekretär hatte Angst, aber der Papst war glücklich«, meint Vatikansprecher Federico Lombardi und gibt zu: »Das alles ist neu für uns.«

◄ Beim Besuch einer Klinik für Drogenabhängige in Rio de Janeiro.

Der Ball in den brasilianischen Nationalfarben wurde Franziskus ins Papamobil geworfen. Er legt in auf den Altar der Basilika Santa Maria Maggiore und betet. ►

Im Land des Fußballs

Brasilien ist das Land des Fußballs. Franziskus, der selbst begeisterter Anhänger des Fußballspiels ist, schlägt hier überraschend »sportliche« Töne an. »Jesus bietet uns etwas Größeres als den Welt-cup!«, ruft er den Jugendlichen bei der Vigilfeier zu und vergleicht das Leben mit einem Fußballspiel, bei dem Jesus uns bittet, in seiner Mannschaft zu spielen. Die Aufmerksamkeit seiner jungen Zuhörer ist Franziskus bei dieser Ansprache sicher!

Briefmarken aus Brasilien, Ecuador, Guinea-Bissau und dem Vatikan.

Sympathie für Demonstranten

Schon Wochen vor dem Weltjugendtag kommt es in Brasilien zu Massenprotesten. Viele Menschen gehen auf die Straße und fordern Reformen. Die zunächst friedlichen Proteste eskalieren, auch noch während des Weltjugendtags. Als Franziskus in dem Interview mit TV Globo nach diesen Protesten gefragt wird, bekundet er Sympathie. Zwar gibt er zu, die Hintergründe der Proteste nicht genau zu kennen, deswegen könne er nichts Konkretes dazu sagen, aber: »Ich mag keinen Jugendlichen, der nicht protestiert«. Es sei ganz normal und gut, dass Jugendliche mit dem Bestehenden nicht einverstanden sind, denn Jugendliche leben von Träumen und Utopien, und das bedeute, »zu atmen und nach vorn zu schauen«. Jugendliche dürfen nicht an den Rand gedrängt werden, so Franziskus, sondern man müsse sie anhören.

In den Armenvierteln

Beim Weltjugendtag macht Franziskus mit seiner Hinwendung zu den Armen und an den Rand Gedrängten ernst. Schon bei seiner Ankunft im Marienwallfahrtsort Aparecida wird das deutlich: Als er aus dem Hubschrauber steigt, wendet er sich nicht etwa als Erstes den versammelten Würdenträgern, Politikern und Ehrengästen zu, sondern begrüßt zunächst einmal die Menschen, die hinter der Absperrung stehen, spricht mit ihnen und schüttelt Hände. Die Menschen in der hinteren Reihe sind so auf einmal dem Papst viel näher als die in der ersten Reihe.

Der Besuch einer Favela, eines Armenviertels, ist Franziskus besonders wichtig, auf seinen ausdrücklichen Wunsch mit direktem Kontakt zu den Bewohnern. In den Straßen des berüchtigten Viertels Varginha fühlt er sich anscheinend wohl. Die Favelas hat er auch als Erzbischof in Buenos Aires regelmäßig besucht. Bevor er hier den Altar einer kleinen Kapelle weiht, besucht er die Familie des Elektrikers Manoel Penha in ihrem einfachen Zuhause.

Papst Franziskus bei der »fliegenden Pressekonferenz« auf dem Rückflug von Brasilien nach Rom

Wenn Träume wahr werden

Der Weltjugendtag in Rio de Janeiro ist gerade glücklich zu Ende gegangen, da sorgt Franziskus noch einmal für Wirbel. In den nächsten Tagen sind die Zeitungen voll davon und die mitgereisten Journalisten schwärmen: Ein Traum ist wahr geworden. Einmal den Papst alles »frei von der Leber weg« fragen dürfen. Beim Rückflug nach Rom wird es Wirklichkeit. Die Journalisten nutzen die Chance und fragen alles, was ihnen einfällt: nach den Reformen, die Franziskus plant, nach seiner Meinung zu Benedikt XVI., nach der Möglichkeit zur Frauenordination ... Als er nach der sogenannten »Gay-Lobby«, also nach homosexuellen Seilschaften im Vatikan gefragt wird, fallen die Worte, die sofort für Wirbel sorgen: »Ach, es wird so viel über die Gay-Lobby geschrieben ... Wenn einer gay ist und den Herrn sucht und guten Willen hat – wer bin dann ich, ihn zu verurteilen? Der Katechismus der Katholischen Kirche erklärt das sehr schön, aber er sagt: Halt! Diese Menschen dürfen nicht an den Rand gedrängt werden, sie müssen in die Gesellschaft integriert werden. Das Problem liegt nicht darin, diese Tendenz zu haben, nein, wir müssen Brüder und Schwestern sein.«

Papst Franziskus besteigt ein Flugzeug. Mit dabei: seine schon etwas abgewetzte Aktentasche.

Mysteriöse Aktentasche

Bei der ›fliegenden Pressekonferenz‹ wird Franziskus sogar nach dem Inhalt seiner schwarzen Aktentasche gefragt. Er antwortet verschmitzt: »Es war nicht der Schlüssel für die Atombombe darin! ... Und was ist darin? Der Rasierapparat, das Brevier, der Terminkalender, ein Buch zum Lesen – ich habe eines über die heilige Teresina mitgenommen, die ich verehre.« Auch die übrigen Fragen beantwortet er offen und geduldig über eine Stunde lang, bis er schließlich allen eine gute Nacht wünscht.

Geständnis eines Bankräubers

In Bochum bringt der »Franziskus-Effekt« einen Bankräuber dazu, seine Taten zu gestehen. 1998 hatte der Italiener zwei Überfälle auf die Sparkasse Herne verübt. Nun, 15 Jahre später, bewegt ihn das Auftreten von Papst Franziskus dazu, sich der Polizei zu stellen. »Ein guter Mensch sollte, bevor er stirbt, gereinigt sein«, sagt er im Bochumer Landgericht. Die Erinnerung an seine Taten seien für ihn »eine große Belastung«, die mit der Zeit nicht geringer werde. Verurteilt wird er zu fünf Jahren und zwei Monaten Haft – genug Zeit für eine gründliche »Reinigung«.

Momente bei verschiedenen Messfeiern: von links nach rechts: am Palmsonntag 2013, bei der Ostervigil 2013, bei einer Priesterordination im April 2013, bei der Eucharistiefeier am 30. Mai 2013 und am Ende der Marienvesper am 31. Mai 2013.

Hostien aus dem Knast

Bei den Morgenmessen verwendet Franziskus Hostien, die in einem Frauengefängnis in Buenos Aires hergestellt werden. Traditionell werden Hostien in Klöstern produziert, so auch von den Benediktinerinnen aus San Isidro, einem Vorwort von Buenos Aires. Die hatten die Idee, die weiblichen Gefangenen der nahe gelegenen Strafanstalt San Martín in die Hostienherstellung einzubeziehen.

Ihr Brief macht mich nachdenklich und ich werde für Sie beten …

Papst Franziskus

Als besonderes Talent erweist sich dabei die 38-jährige Gabriela Caballero. Ihre Hostien werden in verschiedenen Gemeinden der Diözese San Isidoro verwendet. Die Aufgabe gibt ihrem Leben einen neuen Sinn; sie leidet weniger unter depressiven Phasen, wie der Gefängnisseelsorger beobachtet. Der Ortsbischof Óscar Vicente Ojea Quintana

bringt Franziskus bei einem Rombesuch ein Päckchen Hostien, einen Brief der Bäckerin und Fotos von ihr während des Hostienbackens mit. Dieser ist so berührt, dass er sofort zurückschreibt:
»Liebe Gabriela, Msgr. Ojea hat mir Ihren Brief gebracht. Ich danke Ihnen für Ihr Vertrauen ... und für die Hostien. Ab morgen werde ich mit ihnen die heilige Messe feiern und ich versichere Ihnen, dass mich das bewegt.« Weiter verspricht er, für sie zu beten und bedankt sich für die Fotos: »ich werde sie auf meinem Schreibtisch vor mir aufstellen. Möge Jesus Sie segnen und die allerseligste Jungfrau sich Ihrer annehmen. Herzlich, Franziskus.«
Gabriela ist glücklich: »Ich weiß jetzt, dass man Papst Franziskus sogar von der Gefängniszelle aus erreichen kann.«

Ungewöhnlicher Schnappschuss

Ende August geht ein Foto um die Welt, das einiges Aufsehen erregt: Ein mit einem Smartphone aufgenommenes Selbstporträt, »Selfie« genannt, wie Jugendliche es gern von sich machen. Darauf zu sehen: eine Gruppe junger Leute und der Papst. Etwas verwackelt und amateurhaft, wie das für diese Art Schnappschuss typisch ist. Die Jugendlichen aus Norditalien waren bei einem Treffen mit dem Papst im Petersdom dabei und sprachen ihn nach der Veranstaltung an. Als sie das Foto später bei Facebook veröffentlichen, verbreitet es sich in kurzer Zeit überall im Internet.

Natürlich wird Franziskus ständig fotografiert, auch per Handy. Aber dass ein Papst derart unkonventionell für ein Foto mit Jugendlichen posiert, ist ungewöhnlich. Franziskus ist ein »Papst zum Anfassen«, nahbar und unkompliziert. Das ist keine Rolle, die er spielt, wenn es ihm angebracht scheint, sondern das ist tatsächlich seine Art. Er möchte bei den Menschen sein.

Warum bin ich gerne mit Jugendlichen zusammen? Weil ihr eine Verheißung der Hoffnung in eurem Herzen tragt. … Ihr seid Propheten des Guten. Und diese Güte ist ansteckend.

Papst Franziskus

Mit der »Kuh« durch Rom

Eigentlich hat Franziskus schon einen Dienstwagen: einen etwa fünf Jahre alten dunklen Ford Focus mit dem Kennzeichen SCV 00919. Der passt gut zu seinem bewusst schlichten Lebensstil. Auch junge Priester ermahnt er: »Ich sage euch ehrlich, es tut mir weh, wenn ich einen Priester oder eine Ordensfrau im neusten Automodell sehe. Das geht so nicht! Ich glaube, dass das Auto notwendig ist, weil man viel arbeitet und von da nach dort kommen muss. Aber nehmt ein bescheideneres, ja!?«

Die Freude kommt nicht von den Dingen, die man besitzt! Sie kommt aus der Begegnung, aus der Beziehung zu den anderen Menschen.

Papst Franziskus

Doch dieses Geschenk, das ihm ein Dorfpfarrer Anfang September macht, kann er schlecht ablehnen: Es ist ein fast 30 Jahre alter Renault 4, den Pater Renzo Zocca aus einer kleinen Gemeinde in der Provinz Verona mitbringt. Der Wagen mit 300.000 km auf dem Tacho hat ihm treue Dienste geleistet, so sagt Pater Zocca, und nun wolle er ihn an den Papst weitergeben. Franziskus ist sichtlich angetan und setzt sich gleich selbst ans Steuer, wie Pater Zocca später berichtet: »Er hatte mir gesagt, dass er ebenfalls einen R4 hatte, und auch seiner habe ihn nie im Stich gelassen. Ich habe ihn wegfahren sehen, als sei es das Natürlichste der Welt.«

Dennoch ist sich Franziskus nicht sofort sicher, ob er das Geschenk annehmen kann, und fragt: »Hast du ein anderes Auto?« Erst als Pater Zocca ihm versichert, er habe noch ein neueres Auto, willigt Franziskus ein. Besonders sportlich wirkt der Wagen nicht. Passenderweise wird der R4 von den Italienern liebevoll »la mucca« (die Kuh) genannt. Seinen ersten Einsatz im Vatikan hat »la mucca« bereits ein paar Tage später. Da fährt Franziskus mit seiner »Kuh« zum Friedensgebet für Syrien.

VR 779684

Passt es? – Auf dem Weg zum Altar auf dem Petersplatz nimmt sich Franziskus Zeit für ein Gespräch mit einem Mädchen und setzt ihr probeweise sein Pileolus auf

»Erst zuhören, dann reden.«

Mit Jugendlichen ist Franziskus gern zusammen, und zu Japan hat er sowieso einen guten Draht. Immerhin war der Wunsch, Missionar in Japan zu werden, einer der Gründe für seinen Eintritt in den Jesuitenorden. So verwundert es nicht, dass die Stimmung am 21. August 2013 hervorragend ist: Franziskus trifft 200 Schüler aus Tokio. Über die fernöstlichen Klänge im Damasushof – die 15-Jährigen singen für ihn ein japanisches Lied – freut er sich besonders und bedauert gleichzeitig, dass er sich nicht revanchieren kann, aber »ich kann leider nicht singen«. Dann ermutigt er die Schüler, offen auf andere Kulturen und Religionen zuzugehen, denn in der Begegnung mit anderen wachse man. Außerdem sei der Dialog wichtig für den Frieden, im Großen wie im Kleinen. »Wenn es ein Problem gibt – Dialog.« Ein gutes Rezept dafür gibt er den jungen Leuten auch gleich mit auf den Weg: »Erst zuhören, dann reden.«

Der Dialog ist sehr wichtig für die eigene Reife, weil man in der Auseinandersetzung mit den anderen Kulturen und den anderen Religionen wächst.

Papst Franziskus

Neue Berater

Schon von Beginn seines Pontifikats an setzt Franziskus Zeichen, die zeigen: Er möchte einen neuen Kurs im Vatikan einschlagen. Sind es zunächst vor allem äußerliche Gesten – etwa seine Kleidung oder Wohnung betreffend –, so folgen bald auch Taten, die tiefe Konsequenzen haben werden. Mitte April, etwa einen Monat nach seiner Amtseinführung, richtet Franziskus eine Kommission zur Kurienreform ein. Es sind acht Kardinäle, die Vorschläge für eine solche Reform erarbeiten und den Papst bei der Leitung der Weltkirche beraten sollen. Aufhorchen lässt dabei die Zusammensetzung der Kommission: Die Kardinäle stammen von allen Kontinenten der Erde; unter ihnen ist nur ein Italiener. Als »Stimme aus Europa« hat Franziskus außerdem Erzbischof Reinhard Marx ins Boot geholt. Der Papst bereitet so Veränderungen in den Strukturen der Kirche vor. Unter anderem sollen die Ortskirchen gegenüber der römischen Kurie mehr Gewicht erhalten. Die Idee zu dieser Beratergruppe war schon bei den Gesprächen vor dem Konklave entstanden.

Franziskus ist voller Energie, voller Tempo, voller Humor. Er ist authentisch. Seine Worte bewegen und reißen mit.

Reinhard Kardinal Marx

Anfang Oktober trifft sich die Gruppe zum ersten Mal. Es sind keine überstürzten Reformen, die Franziskus da plant, sondern ein umfassendes Projekt, für das die Kirche einen langen Atem braucht.

Franziskus und die Beraterrunde aus acht Kardinälen bei ihrem ersten Treffen am 1. Oktober 2013.

PAPA
FRANCESCO
PAPA
FRANCESCO

Papst Franziskus möchte bei seinem Besuch in Assisi nicht mit den Würdenträgern zu Mittag essen, sondern mit den Armen. Vor der Armenküche der Caritas wird er von Kindern begrüßt.

Franziskus besucht Franziskus

Der Besuch von Papst Franziskus bei seinem Namenspatron in Assisi wird mit Spannung erwartet. Am 4. Oktober, dem Gedenktag des Heiligen, fährt Franziskus nach Assisi. Er trifft hier Kranke und arme Menschen, vollzieht die Lebensstationen des Franz von Assisi nach. Als erster Papst überhaupt besucht er den »Saal der Entkleidung«, in dem der hl. Franziskus der Legende zufolge seine reiche Kleidung gegen die Kutte eines Bettlers tauschte.

> Wir alle müssen lernen, die Notleidenden zu umarmen, wie es der heilige Franziskus getan hat.
>
> Papst Franziskus

Franziskaner-Frater Thomas Freidel, der schon mehrere Papstmessen in Assisi erlebt hat, empfindet die Messe als »angenehm«: »Es war sehr schlicht und einfach. Wir konnten selber auch Ruhe haben und das innerlich miterleben.«
Natürlich ist ganz Assisi in Aufruhr, selbst einige kontemplative Klarissinnen, die ihre Klausur nicht verlassen dürfen, verfolgen den Besuch über das Fernsehen. Sie sind davon beeindruckt, wie Papst Franziskus die Armen einbindet und ins Zentrum rückt. »Nicht nur große Reden, sondern wirklich auch einmal Taten folgen lassen. Ich finde das schön«, sagt Sr. Maria Angela.

Dreikäsehoch auf dem Papststuhl

Wer ist der Dreikäsehoch, der da auf dem Papststuhl sitzt? Diese Frage stellt sich so mancher beim großen Familientreffen zum Jahr des Glaubens Ende Oktober 2013. Einige Kinder sitzen direkt vor der Bühne, die auf dem Petersplatz aufgebaut ist, die meisten ruhig und brav. Nur der sechsjährige Carlos nicht. Er weicht Papst Franziskus während der gesamten Veranstaltung nicht von der Seite.
Auch als Mitarbeiter ihn mit Bonbons von der Bühne herunterzulocken versuchen, haben sie keinen Erfolg. Carlos hat nur Augen für Franziskus, setzt sich irgendwann sogar auf den Stuhl des Heiligen Vaters, als dieser zu einer Rede aufsteht. Als der Kleine den Papst mitten in der Rede plötzlich umarmt, lässt sich Franziskus nicht aus der Ruhe bringen. Er streichelt ihm kurz über den Kopf und setzt seine Rede fort.

> Wenn die Kinder angenommen, geliebt, behütet und beschützt werden, wird die Gesellschaft besser und ist die Welt menschlicher.
>
> Papst Franziskus

Dass Kinder immer mustergültig still sitzen, erwartet er nicht. Vielleicht weiß er auch von der besonderen Situation des kleinen Carlos, der ein Waisenjunge ist. Später kursieren verschiedene kurze Filme davon auf Youtube, die insgesamt über 70.000 mal angeklickt werden. »Der Junge, der dem Papst die Show stiehlt«, ist mit einem Mal weltbekannt.

Links: der Kreuzstab aus Öko-Materialien;
Mitte: der Kreuzstab, den auch Benedikt XVI. und Johannes Paul II. benutzten;
rechts: der Kreuzstab aus Olivenholz

Kreuzstab-Staffel

Es ist nicht so, dass Papst Franziskus sich nicht entscheiden könnte. Manchmal wird einem Papst ein Kreuzstab einfach geschenkt, und wenn eine besondere Intention dahintersteht, kann Franziskus einfach nicht Nein sagen. Nach seiner Wahl hatte Franziskus zwischen verschiedenen Kreuzstäben von Johannes Paul II. und Benedikt XVI. hin und her gewechselt. Im Bild ist ein Modell zu sehen, das beide seiner Vorgänger in Benutzung hatten.

Im Herbst 2013 bekam er einen »Öko«-Kreuzstab aus Materialien, die unter ethisch verantwortbaren Kriterien ausgewählt wurden. Das Geschenk der Forschergruppe für die Gewinnung von Edelmetallen mit nicht-invasiven Methoden kam an Allerheiligen zum Einsatz.

Im Frühjahr 2014 dann der nächste Wechsel: ein schlichter Stab aus Olivenholz, angefertigt von italienischen Häftlingen. Auch dieser Kreuzstab ist ein Geschenk. Holz als Material für den Kreuzstab ist zwar unüblich, aber am Palmsonntag, als er zum Einsatz kam, war das genau passend.

Franziskus gibt Hausaufgaben

Generalaudienzen mit Papst Franziskus können sehr unterhaltsam sein, selbst wenn er ernst gemeinte Anliegen hat. Bei der Audienz am 13. November geht es ihm beispielsweise um die Wichtigkeit der Taufe. Unvermittelt fragt er die Menschen auf dem Petersplatz: »Wer von euch erinnert sich an das Datum der eigenen Taufe? Hebt die Hand: Es sind wenige«, und fügt schelmisch hinzu: »ich frage nicht die Bischöfe, um sie nicht zu beschämen.« Dann trägt er den Versammelten auf, zu Hause nachzusehen oder nachzufragen, wann sie getauft wurden, denn dieser Tag sei ihr zweiter Geburtstag. »Werdet ihr das tun? Es ist eine Hausaufgabe.«

Das Beten des Rosenkranzes hilft uns, an der Seite Marias die Geheimnisse des Lebens Jesu zu betrachten.

Papst Franziskus

Ist der Papst jetzt Apotheker?

Mit einer originellen Idee überrascht Franziskus am 17. November die Gläubigen, die zum Angelusgebet gekommen sind. Nach dem Gebet hält er plötzlich ein kleines Schächtelchen in der Hand – auf den ersten Blich eine ganz normale Arzneimittelschachtel – und sagt: »Jetzt möchte ich euch zu einer Medizin raten. Manch einer mag denken: ›Ist der Papst jetzt Apotheker?‹ Es ist eine Medizin aus 59 Kügelchen, die eine Arznei für das Herz sind.« Tatsächlich steht auf der Schachtel »Misericordina«, eine kreative Abwandlung von misericordia (Barmherzigkeit). Darin befindet sich ein Rosenkranz; ein »Beipackzettel« enthält die Anleitung zum Rosenkranzgebet in mehreren Sprachen. Ehrenamtliche verteilen mehrere Tausend dieser Schachteln kostenlos auf dem Petersplatz. Nun klingt Franziskus tatsächlich fast wie ein Apotheker, als er mahnt: »Vergesst nicht, diese Medizin zu nehmen! Sie tut dem Herzen, der Seele und dem ganzen Leben gut!«

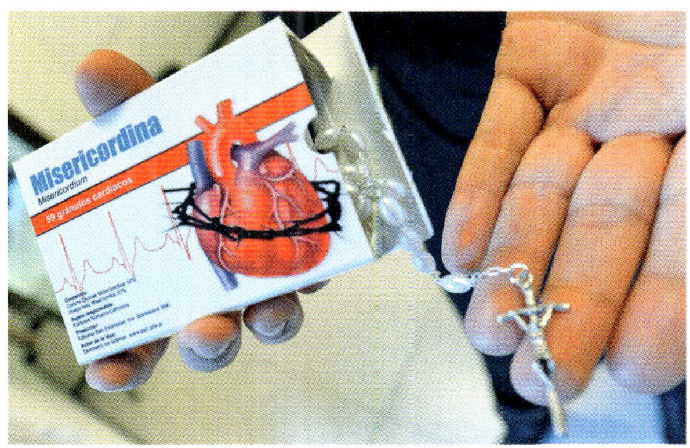

Eine Schachtel »Misericordina« mit Rosenkranz – zu Risiken und Nebenwirkungen fragen Sie Ihren Papst oder Ihren Pfarrer.

Warum uns dieser Papst gefällt

Er ist ein Traditionalist, wie er im Buche steht, und einer der schärfsten Kritiker von Papst Franziskus: Mario Palmaro, Rechtsphilosoph und Journalist. Palmaro, der seit zehn Jahren eine Sendung bei Radio Maria moderiert, veröffentlicht Anfang Oktober zusammen mit einem Kollegen in der Tageszeitung »Il Foglio« eine Anklage gegen Franziskus unter dem Titel »Dieser Papst gefällt uns nicht«.

Was wirft er Franziskus vor? Seine Demut sei mehr Schein als Sein, eine Zurschaustellung für die Medien, mit Äußerlichkeiten lenke er den Blick vom Wesentlichen weg. »Wir erleben das Phänomen eines Führers, der der Masse genau das sagt, was die Masse hören will.« Die für Palmaro bittere Folge: Nach der Veröffentlichung verliert er seinen Job bei Radio Maria. Der nächste Schicksalsschlag ist eine schwere Krebserkrankung.

Am 1. November dann ein Anruf vom Papst. Palmaro ist, wie er später berichtet, »überrascht, erstaunt und vor allem bewegt«. Franziskus sagt, er habe von Palmaros Erkrankung erfahren und sei ihm nahe. »Ich habe so deutlich sein tiefes Mitgefühl gespürt ... Für mich war das eine der allerschönsten Erfahrungen meines Lebens.« An seiner kritischen Haltung zum Papst, so Palmaro, ändere das aber nichts. Er spricht Franziskus während dieses Telefonats selbst darauf an. Der meint lediglich, er habe die guten Absichten erkannt; solche Kritik zu bekommen sei für ihn wichtig.

Der Telefonseelsorger

Manche Meldungen in der Presse erstaunen Franziskus. »Der Papst hat selbst zum Telefonhörer gegriffen« – was ist daran so Besonderes?, scheint er sich zu fragen. »Bitte sagen Sie den Journalisten, dass meine Telefonate keine Nachricht sind«, bittet er eines Tages sogar Dario Viganò, den Direktor des Vatikanischen Fernsehzentrums CTV. »Es ist gut, dass sie nichts von den übrigen Telefonaten wissen.« Er habe das auch in Buenos Aires schon so gehalten: Wenn er von jemandem – einem Priester, einer Familie, einem Gefangenen – in Schwierigkeiten erfahre, dann sei es für ihn einfacher, direkt anzurufen, zuzuhören und, wenn er könne, zu helfen.

Ein richtiger Telefonseelsorger sei dieser Papst, meint Viganò. Seine Art, mit anderen mitzufühlen, dränge ihn zu einer Unmittelbarkeit der Beziehung. Im direkten Kontakt versucht er, den anderen und seine Probleme wirklich zu verstehen. Allerdings ruft Franziskus nicht nur zu Arbeitszwecken an. Ihm selbst, berichtet Dario Viganò, sei es passiert, dass der Papst ihn angerufen habe, um ihm zum Geburtstag zu gratulieren.

Geburtstagsfrühstück mit Obdachlosen

Zum 77. Geburtstag gibt es keine große Feier. Aber ein Geburtstagsfrühstück mit vier Obdachlosen. Franziskus schickt Erzbischof Konrad Krajewski am Morgen des 17. Dezember los, um die ersten Obdachlosen, denen er an diesem Morgen begegnet, einzuladen. Die Männer aus Osteuropa hatten in der Nähe des Petersplatzes genächtigt. Krajewski fragt sie: »Würden Sie gern zu Papst Franziskus' Geburtstagsfeier kommen?« Ihr weniges Hab und Gut laden sie in das Auto des Erzbischofs. Ein kleiner Hund, der einem der Männer gehört, darf ebenfalls mitkommen.

Wir sind aufgerufen, Christus in den Armen zu entdecken, ihre Freunde zu sein, sie anzuhören und zu verstehen.

Papst Franziskus

Franziskus wünscht sich eine »besonders familiäre« Atmosphäre. Zur Morgenmesse und anschließendem gemeinsamen Frühstück kommen außer den vier Männern aus Osteuropa auch Angestellte des Gästehauses mit ihren Familien: Köche, Haushälterinnen, Reinigungskräfte.

Weihnachtsgeschenke für Bedürftige

In der Woche vor Weihnachten hat der Päpstliche Almosengeber jede Menge zu tun. Im Auftrag von Papst Franziskus verteilt er 2000 kleine Päckchen an Bedürftige. Es sind Menschen, die er bereits betreut oder die zur Armenspeisung der »Mutter-Teresa-Schwestern« kommen. In diesen Päckchen befinden sich bereits frankierte Briefumschläge mit Weihnachtskarten, außerdem Telefonkarten und U-Bahn-Tickets. Die Beschenkten sollen so ihren Angehörigen Weihnachtsgrüße schicken, sie anrufen oder besuchen können. Die U-Bahn-Tageskarten wurden dabei von den römischen Verkehrsbetrieben ATAC gespendet; die frankierten Umschläge von der vatikanischen Post.

Die Hirten waren die Ersten, die die Verkündigung von der Geburt Jesu empfingen. Sie waren die Ersten, weil sie zu den Letzten, den Ausgegrenzten, gehörten.

Papst Franziskus

Während der Christmette am 24. Dezember 2013.

Weihnachtsbesuch bei Benedikt

Das erste Weihnachtsfest mit zwei Päpsten im Vatikan – für Benedikt ist es ein besinnliches, ruhiges Fest mit einem Christbaum und Plätzchen aus Bayern und mit einer Weihnachts-CD der Regensburger Domspatzen, die er gemeinsam mit seinem Bruder Georg Ratzinger anhört. Für Franziskus ist es ein dicht getaktetes Programm, bei dem für Ruhe und Besinnlichkeit nicht viel Zeit bleibt.

Da Gott sich im Weihnachtsfest nicht als einer offenbart, der sich hoch oben befindet, bedeutet es, dass wir uns nicht über die anderen stellen dürfen.

Papst Franziskus

Bevor es aber richtig losgeht, stattet er seinem Vorgänger im Amt am 23. Dezember einen Besuch ab. Mit einem unauffälligen Dienstwagen fährt Franziskus im ehemaligen Kloster Mater Ecclesiae vor, wo Benedikt seit seinem Rücktritt lebt. Benedikt XVI., sichtlich gealtert und auf einen Stock gestützt, freut sich über den Besuch. Gemeinsam beten die beiden Päpste in der Kapelle und ziehen sich dann zu einem Gespräch unter vier Augen zurück. Als Franziskus nach einer knappen Stunde wieder in seinen alten Ford steigt, stehen Benedikt und sein Privatsekretär Georg Gänswein noch lange in der Tür und winken zum Abschied.

Schaf und Hirte

Weihnachten ohne Krippe – da würde etwas fehlen. »Erfunden« hat die Weihnachtskrippe im Jahr 1223 Franz von Assisi. Im italienischen Greccio ließ er die Szene von der Geburt Jesu nachstellen, nicht mit kleinen Figuren, sondern mit echten Menschen und Tieren. Diese Form der »lebendigen Krippe« gibt es heute noch an vielen Orten weltweit.

Als Erzbischof von Buenos Aires gilt Bergoglio als großer Freund lebendiger Krippen, zu denen mitunter auch Tangomusik erklingt. Und als ihn die italienische Pfarre Sant'Alfonso de'Liguori im Norden Roms zum Besuch ihrer Lebendkrippe einlädt, sagt Franziskus sofort zu. Sichtlich angetan ist er von den etwa 200 Mitwirkenden und den vielen Tieren, nimmt sich Zeit für einen Rundgang durch die Krippenlandschaft und segnet die Darsteller der Heiligen Familie. Als er mit einer Darstellerin spricht, die ein kleines Lämmchen im Arm trägt, streichelt Franziskus dieses mit so viel Ausdauer, dass die junge Frau ihm das kleine Lamm schließlich in den Nacken legt. Ein Schaf für ihren Oberhirten – die Menge der Umstehenden jubelt begeistert.

> Seid Hirten mit dem Geruch der Schafe, dass man ihn riecht, Hirten inmitten ihrer Herde und Menschenfischer.
>
> Papst Franziskus

Am Fest der Taufe des Herrn, dem
12. Januar 2014, tauft Papst Franziskus
in der Sixtinischen Kapelle 32 Kinder.

Kinderlärm ist die schönste Musik

Für Überraschung sorgt eine Meldung zum Fest der Taufe des Herrn. An diesem Tag tauft der Papst traditionell Kinder von Vatikan-Angestellten in der Sixtinischen Kapelle. In diesem Jahr tauft Franziskus aber auch andere Kinder, darunter das Kind einer alleinerziehenden Mutter und die Tochter eines Paares, das nur standesamtlich, aber nicht kirchlich verheiratet ist. Die alleinerziehende Mutter war vor der Geburt ihres Kindes von ihrem Partner verlassen worden. Sie hatte zunächst über eine Abtreibung nachgedacht, entschied sich dann aber dagegen und schrieb stattdessen einen Brief an Franziskus. Der lädt sie daraufhin zur Taufe ein. In der kurzen Predigt betont Franziskus, wie wichtig die Weitergabe des Glaubens in der Familie ist. Und er sagt: »Heute singt der Chor, aber die schönste Musik ist Kinderlärm ...«

Das ist das schönste Erbe, das ihr den Kindern geben könnt: den Glauben!

Papst Franziskus

Per Anhalter über den Petersplatz

Fabian Baez, ein Gemeindepfarrer aus Buenos Aires, hat kein VIP-Ticket, mit dem er bei der Generalaudienz am 8. Januar in den Nähe des Altars sitzen oder hinterher den Papst persönlich treffen könnte. So steht er etwas abseits mitten in der Menschenmenge, als Franziskus im Papamobil vorbeifährt. Wie viele andere auch ruft er dem Papst gute Wünsche fürs neue Jahr zu. Er kennt Bergoglio schon seit den 1990er Jahren, als der noch Bischof in Buenos Aires ist.

Sobald Franziskus seinen alten Bekannten in der Menge sieht, bittet er den Fahrer anzuhalten und bedeutet einem Gendarm, dem Pater über die Absperrung zu helfen. Dann lädt er den alten Freund ein, mit ihm im Papamobil mitzufahren. Die beiden umarmen sich, und Baez sitzt während der restlichen Fahrt direkt hinter dem Papst, der weiter gutgelaunt den Menschen zuwinkt und Babys küsst. Für Baez kommt das Ganze völlig überraschend. »Ich fragte mich: Was mache ich hier? Mamma mia!«

> Ich sehe meine Freunde, und sie schreiben mir, und ich habe sie sehr lieb. Man kann nicht ohne Freunde leben: Das ist wichtig.
>
> Papst Franziskus

Der Superpapst

In typischer Superman-Pose, mit emporgereckter Faust und wehendem weißem Umhang, in der Hand eine Aktentasche mit der Aufschrift »Valores« (spanisch für »Werte«): Dieses besondere Graffito ziert Ende Januar für eine knappe Woche lang eine Hauswand in der Nähe des Vatikans. Der Päpstliche Rat für Soziale Kommunikationsmittel twittert ein Foto des Bildes an seine 86.000 Follower. Zahlreiche Touristen fotografieren es oder posieren gleich selbst vor der Wand für ein Erinnerungsfoto.
Signiert ist das Bild mit »Maupal«, der Künstlername des italienischen Straßenkünstlers Mauro Pallotta. Beim Blättern in einem Superman-Comic, wobei gleichzeitig im Fernsehen ein Beitrag über Franziskus lief, kam er auf die Idee, den Papst mit Superkräften zu zeichnen, der diese »einsetzt, um Gutes zu tun«. Pallotta betont, dass sein Bild »ein umweltfreundliches und ablösbares Graffito« sei: nicht direkt auf die Hauswand gesprüht, sondern auf Papier.

> Mir gefallen die ideologischen Interpretationen nicht, ein gewisser Papst-Franziskus-Mythos. In jeder Idealisierung versteckt sich auch eine Aggression.
>
> Papst Franziskus

Als Franziskus in einem Interview mit dem Chefredakteur der Tageszeitung »Corriere della Sera« von seinem ersten Jahr als Papst erzählt, wird jedoch deutlich: Der Rummel um seine eigene Person und der idealisierende »Papst-Franziskus-Mythos« sind ihm höchst suspekt. Konkret bezieht er sich auf das Papst-Superman-Graffito. Ein Star sei er nämlich ganz und gar nicht, sagt Franziskus. »Der Papst ist ein Mensch, der lacht, weint, ruhig schläft und Freunde hat wie alle. Ein normaler Mensch.«

MAUPAL
2014
VALORES

Nach dem Angelus am 26. Januar 2014 lassen der Papst und zwei Kinder Tauben vom Fenster des Apostolischen Palastes fliegen.

Sprache ist nicht alles

Federico Lombardi hat als Vatikansprecher die zugegebenermaßen nicht ganz leichte Aufgabe, die Botschaften des Papstes nach außen zu kommunizieren und eventuelle Missverständnisse aufzuklären. Wie er bei einem kirchlichen Medienkurs Ende April zugibt, steht er dabei immer wieder vor Rätseln. Er sei »perplex«, wie undeutlich sich Papst Franziskus manchmal ausdrücke. Was er sagt, lasse sich oft in ganz unterschiedliche Richtungen interpretieren. Das Apostolische Schreiben »Evangelii Gaudium« sei ihm im Zweifelsfall eine Hilfe, sagt Lombardi, wenn er wieder einmal nicht wisse, was der Papst genau meine.
Eine zweite Sache, die den versierten Vatikanmitarbeiter staunen lässt: Während Johannes Paul II. und Benedikt XVI. sich in mehreren Sprachen auszudrücken verstanden, kommt Franziskus mit nur zwei Sprachen aus, nämlich Italienisch und Spanisch. Trotzdem sei er ein »herausragender Kommunikator«, gibt Lombardi zu und resümiert: Sprache ist zwar wichtig, aber eben nicht alles. Man kann durchaus auch auf andere Art kommunizieren. Dafür, dass eine Botschaft auch ohne viele Worte in aller Welt verstanden werden kann, ist Papst Franziskus der beste Beweis.

Bei Wind und Wetter

Schon seit Beginn seines Pontifikats bereitet Papst Franziskus den vatikanischen Sicherheitsleuten Kopfzerbrechen. Mit großer Unbekümmertheit sucht er die Nähe der Gläubigen. Und die ihn sehen wollen, das sind nicht wenige. Rekord-Besucherzahlen werden von den Generalaudienzen gemeldet. Jeden Mittwoch strömen so viele Besucher auf den Petersplatz, dass der Ansturm jedes Mal ein Verkehrschaos auslöst. Aber auch wenn Franziskus sich so manches Mal über Sicherheitsbedenken hinwegsetzt, so achtet er doch die Arbeit, die die Beamten leisten. Bei einer Ansprache am 20. Januar 2014 drückt er seine Dankbarkeit für ihren Dienst aus, »vor allem für den, den ihr auf dem Petersplatz leistet: bei Kälte, bei Hitze, bei Regen, bei Wind, immer ... Das zählt sehr viel!« Von Regen oder Wind lässt sich Papst Franziskus selbst aber auch nicht beeindrucken. Sogar bei strömendem Regen kürzt er die ausführliche Runde durch die Menge der Gläubigen vor der Generalaudienz nicht ab, auch wenn er dabei einer der wenigen ohne Schirm ist.

Papst-Harley versteigert

Ganze sieben Monate hat sie in der Garage gestanden. Zumindest hat nie jemand Franziskus auf der Harley-Davidson, die ihm im Juni 2013 zum Jubiläum des Herstellers geschenkt wurde, durch Rom brausen sehen. Was der »Papst der Armen« wohl mit einem solchen Nobelmotorrad anfangen solle, hatte sich sicher der ein oder andere damals gefragt. Nun hat Franziskus eine hervorragende Idee: Er schenkt die Harley der Caritas, die sie versteigert. Um den Wert noch zu erhöhen, signiert Franziskus den Tank der Maschine. Der Erlös soll für die Renovierung einer Obdachlosen-Herberge in Rom verwendet werden. Geschätzt wird der Wert der Maschine auf 12.000 bis 15.000 Euro. Dass sie dann für 241.500 Euro unter den Hammer kommt, freut deshalb nicht nur den Papst.

Das Wort »Solidarität« hat sich ein wenig abgenutzt, doch es bezeichnet viel mehr als einige gelegentliche großherzige Taten.

Papst Franziskus

Ein neuer Reisepass

Verwirrung stiftet kurzfristig ein neuer Reisepass des Papstes, ausgestellt am 14. Februar 2014. Ein argentinischer Pass, wohlgemerkt. Franziskus meldet sich einige Tage vorher selbst beim argentinischen Botschafter in Rom, weil er einen neuen Personalausweis und Reisepass braucht. Er bittet ausdrücklich darum, keine Sonderbehandlung zu bekommen. Sein Anliegen solle den ganz normalen Verwaltungsweg gehen. In Rom lässt er sich für das Passbild fotografieren, leistet seine Unterschrift und lässt den nötigen Fingerabdruck nehmen. Der argentinische Innenminister Florencio Randazzo ist begeistert, dass der Papst bewusst als Argentinier reisen wolle.

Im Vatikan ist die Begeisterung nicht ganz so groß. Rasch dementieren Vatikanvertreter die Annahme, der Papst trete seine nächsten Reisen als Argentinier an. Nicht mehr als eine »freundliche Geste« gegenüber seiner Heimat sei das, denn selbstverständlich habe Franziskus einen Diplomatenpass und reise als Oberhaupt des Vatikans!

Der neue Personalausweis von Jorge Mario Bergoglio. Sein Papstname Franziskus ist darauf nicht vermerkt.

Päpstliche Ehetipps

Ein Novum am 14. Februar 2014: Der Papst lädt Verlobte und Verliebte ein, die sich auf die Ehe vorbereiten. Der Einladung folgen kurzfristig so viele junge Menschen, dass die Veranstaltung von der Audienzhalle auf den Petersplatz verlegt werden muss. 20.000 Verliebte aus 28 Ländern kommen, um sich vom Papst segnen zu lassen. Vorher beantwortet Franziskus Fragen und gibt Tipps fürs Eheleben. »Wir wissen alle«, sagt er, »dass es keine perfekte Familie gibt, auch keinen perfekten Ehemann oder eine perfekte Ehefrau. Von einer perfekten Schwiegermutter ganz zu schweigen …« Deshalb seien die Wörter »bitte«, »danke« und »Entschuldigung« in einer Ehe besonders wichtig. »Es geht darum, mit Freundlichkeit in das Leben des anderen einzutreten. Oft ist es doch so, dass man auch in der Ehe wie mit schweren Bergstiefeln auftritt.« Freundlichkeit ist also die Devise.

Ich rate den Eheleuten immer: Lasst den Tag, an dem ihr gestritten habt, nicht zu Ende gehen, ohne Frieden zu schließen.

Papst Franziskus

Valentinspost

Als der Postbote dem Ehepaar Kolfhaus aus Straubing zum Valentinstag einen dicken Briefumschlag mit vatikanischen Briefmarken überreicht, wundern sich die beiden zunächst nicht. Schließlich arbeitet ihr Sohn Florian seit 2009 im vatikanischen Staatssekretariat. Doch als sie den Umschlag öffnen, kommt ein ganz besonderer Valentinsgruß zum Vorschein: Er stammt von Papst Franziskus.

Auf Italienisch steht da: »Den Eheleuten Reinhard und Rosemarie Kolfhaus übermittle ich ganz innige Glückwünsche und erteile ihnen von Herzen einen besonderen Apostolischen Segen, in den ich sehr gerne auch ihren Sohn, Don Florian, einschließe.« Wahrscheinlich, so vermutet Rosemarie Kolfhaus, wollte der Papst einfach den Eltern eines Mitarbeiters eine Freude machen. Die Überraschung ist gelungen!

Frischer Wind im Vatikan: Während der Generalaudienz am 19. Februar 2014 fliegt das Scheitelkäppchen des Papstes davon. Den roten Faden verliert er trotzdem nicht.

Ein Überraschungsgast

Am 22. Februar nimmt Franziskus in einem Konsistorium 19 neue Kardinäle in das Kardinalskollegium auf. Zu dem Gottesdienst kommt auch ein Überraschungsgast: Benedikt XVI. Es ist sein erster offizieller Auftritt seit seinem Amtsverzicht etwa ein Jahr zuvor. Die Kardinäle sind sichtlich überrascht und empfangen den emeritierten Papst mit Applaus. Franziskus, der seinen Vorgänger nicht zum ersten Mal zu einem Gottesdienst eingeladen hat, macht bei seinem Einzug in den Petersdom einen kleinen Umweg, um Benedikt zu begrüßen. Der nimmt sein weißes Scheitelkäppchen ab, zieht also quasi »den Hut« vor Franziskus. Die beiden umarmen sich herzlich. Mit einer schöneren Geste hätte das Konsistorium nicht beginnen können!

Bei der Generalaudienz am 26. Februar 2014 begrüßt Papst Franziskus die Bischöfe, die zum Ad-limina-Besuch im Vatikan sind.

Küsschen für den Papst von einer »echten« Prinzessin vor der Eucharistiefeier im Nationalheiligtum Unserer Lieben Frau von Aparacida am 24. Juli 2013 im Rahmen des Weltjugendtags in Rio de Janeiro.

Zwei junge Frauen sitzen auf der Spanischen Treppe in Rom und lesen in der ersten Ausgabe von »Il mio Papa«.

Papst auf Hochglanz

Ausgerechnet den Aschermittwoch hat sich der Verlag Mondadori als Erscheinungsdatum für ein neues Hochglanzmagazin gewählt. Der Verlag, der Silvio Berlusconi gehört und sonst eher Klatschblätter herausbringt, wagt sich auf neues Gebiet. »Il mio Papa« (Mein Papst) ist die weltweit erste Zeitschrift, die sich ausschließlich dem Papst widmet. Für 50 Cent ist das Wochenblättchen zu haben, die Startauflage: drei Millionen Exemplare.

Neben vielen großen Fotos und kurzen Sprüchen, die die Botschaft von Franziskus in gut verdaubare Häppchen zerlegen, gibt es in jeder Ausgabe ein doppelseitiges Papstposter. Paparazzi-Fotos sind nicht geplant, verspricht Chefredakteur Aldo Vitali. Er habe sich sogar mit Vatikansprecher Federico Lombardi abgestimmt, der ihm noch einige Tipps geben konnte. Er wolle keinen Klatsch und Tratsch verbreiten, sondern »mit dem allergrößten Respekt« für Franziskus arbeiten.

Auf die Idee zu dem Papstmagazin ist Vitali beim Spaziergang mit seinen Hunden gekommen, als er überlegte: »Wer ist die Person, die alle verbindet? Der Mensch, den alle mögen? Die Antwort war sehr schnell klar: der Papst.«

NUOVO!
0,50€
IL MIO
PAPA
IL PRIMO SETTIMANALE AL MONDO SU PAPA FRANCESCO
UNA SETTIMANA AL SUO FIANCO:
LE PAROLE PIÙ BELLE
LE FOTO PIÙ EMOZIONANTI
IL PRIMO ANNO CON LUI
ENTRIAMO NELLA CASA DOVE VIVE
IL MESSAGGIO DEL PAPA CHE RENDE MIGLIORE LA NOSTRA VITA
"ABBIATE IL CORAGGIO DI ESSERE FELICI"
Centro chirurgico per vittime di guerra di Kabul
ECCO IL TUO
5 PER MILLE
EMERGENCY

Momentaufnahme bei einer Generalaudienz im Frühjahr 2014.

»Ich mache den Pfarrer«

Als Franziskus im Interview mit dem »Corriere« nach seiner Gewohnheit gefragt wird, Menschen, die ihn um Hilfe bitten, direkt anzurufen, erzählt er, dass er dies als Dienst verstehe. Besonders gern telefoniere er mit einer 80-jährigen Frau, die ihm geschrieben habe, weil sie ihren Sohn verloren hatte. Nun rufe er sie einmal im Monat an. »Ich mache den Pfarrer. Das gefällt mir.«

In der Schwachheit unseres Lebens können wir uns mit dem Vertrauen eines Kindes an Gott wenden.

Papst Franziskus

Leider schreiben ihm inzwischen so viele Menschen, dass dieser Dienst für ihn schwieriger geworden sei, sagt Franziskus mit Bedauern. Tatsächlich erreichen ihn rund 2000 Briefe täglich. Sie kommen aus aller Welt. Ciro Benedettini, der Vizedirektor des vatikanischen Presseamts, weiß zu berichten: »Fast alle fügen ihre Telefonnummer hinzu in der Hoffnung, dass der Papst sie anruft.«

Spontanes Gebet

Franziskus ist vielleicht nicht der große Theologe vom Rang eines Ratzinger, so die oft geäußerte Einschätzung von Vatikankennern, aber ein großer Seelsorger. Was das konkret bedeutet, erfahren 19 Häftlinge an einem Mittwoch Mitte Februar 2014 am eigenen Leib. Mit zwei Gefängnisseelsorgern kommen sie am frühen Morgen aus verschiedenen Haftanstalten in Pisa und Pianosa, um mit Erzbischof Lorenzo Baldisseri eine Messe in den vatikanischen Grotten unterhalb des Petersdoms zu feiern.
Als Franziskus davon erfährt, besteht er darauf, die Häftlinge in der Casa Santa Marta, wo er wohnt, zu empfangen. Eine Dreiviertelstunde nimmt er sich Zeit für ein gemeinsames Gebet und Gespräche mit jedem einzelnen Häftling. Er segnet und ermutigt die Männer. Erzbischof Baldisseri beschreibt die Begegnung als »wunderschön und sehr bewegend«.

Franziskus gesteht einen Diebstahl

Eigentlich spricht Franziskus über das Thema Barmherzigkeit in der Seelsorge, als er die Priester Roms zu Beginn der Fastenzeit 2014 in der Audienzhalle trifft. Doch dann erzählt er eine persönliche Anekdote und gesteht einen Diebstahl, den er in den 90er Jahren begangen hat.

Damals war er Generalvikar in Buenos Aires, und sein Beichtvater war gestorben. Als er in die Krypta kam, wo der alte Priester aufgebahrt war, sah er, dass es keinen Blumenschmuck gab. Bergoglio ging zum nächsten Blumenhändler, kaufte Rosen und begann, die Bahre damit zu schmücken. »Da ich habe den Rosenkranz gesehen, den er in den Händen hielt. Und dann ist der kleine Dieb in mir erwacht, der ja in uns allen steckt, oder? Und während ich dort die Blumen verteilte, habe ich das Kreuz vom Rosenkranz abgemacht.« Dabei habe er den Verstorbenen angesehen und gedacht: »Gib mir die Hälfte deiner Barmherzigkeit!«

Dieses Kreuz, so berichtet Franziskus, trage er bis heute immer bei sich. Der Gedanke an den barmherzigen Priester stärkt ihn, wenn ihm »ein böser Gedanke« gegen andere kommt.

> Auch der Papst beichtet alle vierzehn Tage, denn auch der Papst ist ein Sünder. Und der Beichtvater rät mir, und er vergibt mir, weil wir alle diese Vergebung brauchen.
>
> Papst Franziskus

Wenn Obama Kraft braucht

Barack Obama, den Franziskus am 27. März zu einer Privataudienz empfängt, gilt als Bewunderer des Papstes. Bei passender Gelegenheit zitiert er ihn in seinen Reden, beispielsweise wenn es um die wachsende Kluft zwischen Arm und Reich geht: »diese Ungleichheit kommt am meisten in unserem Land zum Ausdruck.«

> Ich halte Papst Franziskus für einen außergewöhnlich seelenvollen Boten des Friedens und der Gerechtigkeit.
>
> Barack Obama

Bei der Privataudienz sprechen sie über den Kampf gegen Armut und aktuelle weltpolitische Krisen. Ein »joviales und herzliches Gespräch sei es gewesen«, ist man sich hinterher einig. Am Schluss werden Geschenke ausgetauscht. Franziskus bekommt Samen für Früchte und Gemüse aus dem Garten des Weißen Hauses. Obama erhält im Gegenzug geistige Nahrung: ein gedrucktes Exemplar des Apostolischen Schreibens »Evangelii Gaudium«. Der US-Präsident freut sich tatsächlich und meint, er werde es im Oval Office lesen, »wenn ich einmal wieder frustriert bin und Kraft brauche«.

Mit gutem Beispiel voran: Papst Franziskus bei seiner öffentlichen Beichte im Petersdom am 28. März 2014.

Lachen im Beichtstuhl

Jeder Mensch ist ein Sünder, auch der Papst. Franziskus hätte diese Botschaft nicht eindrücklicher übermitteln können als mit einer Geste, deren Bild sofort um die Welt geht: Zu Beginn einer groß angelegten Buß-Aktion, bei der er mit anderen Priestern im Petersdom Gläubigen die Beichte abnimmt, geht er zunächst selbst zu einem Beichtstuhl, kniet davor nieder und beichtet öffentlich. Dabei ist zu sehen, dass der Papst und sein Beichtvater auch lachen.

Die Beichte ist keine Sitzung in einer Folterkammer, sondern sie ist ein Fest.

Papst Franziskus

Zuvor hatte Franziskus zur Umkehr eingeladen und die Priester ermahnt, sie dürften kein »Hindernis« für die Beichte der Gläubigen sein. Viele Menschen hätten Schwierigkeiten damit, ihre Sünden vor einem anderen zu bekennen. Der Bußgottesdienst im Petersdom eröffnet die Initiative »24 Stunden für Gott«, bei der weltweit Beichte und eucharistische Anbetung im Mittelpunkt stehen.

DEUTSCH

Kein Aprilscherz

Dass der Papst immer wieder Interviews gibt, lässt eine Gruppe belgischer Jugendlicher auf eine Art Schnapsidee kommen: Lasst uns ein Interview mit dem Papst machen! Sie können es kaum glauben, als der Papst ihrer spontanen Anfrage zustimmt, und fragen sich, ob das ein verfrühter Aprilscherz sein könnte. Doch es ist wahr, einen Tag vor dem 1. April findet das Interview statt.

»Let's go!«, sagt Franziskus zu Beginn, los geht's. Es wird viel gelacht bei dem Interview. Ob der Papst glücklich sei, wie er bete, was ihm Angst mache, welche Fehler er in seinem Leben gemacht habe, wollen sie wissen. Auf Letzteres antwortet Franziskus, er sei stur und irre sich immer wieder. Doch obwohl er dickköpfig sei, habe er gelernt, anderen zuzuhören.

> Wenn Jugendliche Fragen haben, möchte ich antworten.
>
> Papst Franziskus

Am Ende überreichen sie dem Papst ein T-Shirt in den Farben der belgischen Fußballnationalmannschaft und fragen nach einer Prognose, wer die nächste WM gewinnt: Belgien oder Argentinien? Das habe er bereits mit der brasilianischen Präsidentin geklärt, scherzt Franziskus. Die habe ihm eröffnet, dass natürlich die Brasilianer gewinnen.

Whiskey von der Queen

So viele Päpste hat sonst kaum einer geschafft: Franziskus ist bereits der fünfte Papst, den Queen Elisabeth in ihrer Amtszeit trifft. Dabei hat die päpstliche Gelassenheit wohl auf sie abgefärbt. Zu dem Treffen Anfang April 2014 erscheint sie 20 Minuten zu spät – »Wir hatten einen sehr angenehmen Lunch«, entschuldigt sie sich – und trägt dabei nicht wie im Protokoll vorgesehen Schwarz, sondern ein fliederfarbenes Kleid und Hut mit Blumenschmuck. Als Gastgeschenk bringt sie Franziskus einen Korb mit Bioprodukten mit, darunter Konfitüre und Honig und eine Flasche schottischen Whisky. Franziskus revanchiert sich mit einem Geschenk für Ihren Urenkel George.

Queen Elisabeth überreicht nach ihrer Privataudienz bei Papst Franziskus am 3. April 2014 ihr Gastgeschenk.

Bei der Generalaudienz
am 8. Januar 2014.

Ein Deal mit dem Papst

Ein kleines Evangelienbuch immer dabeizuhaben, in der Jackentasche oder der Handtasche, und dann unterwegs täglich einen kurzen Abschnitt daraus zu lesen – das empfiehlt Franziskus bei einem Angelus im März 2014 seinen Zuhörern. Aber bei guten Ratschlägen bleibt es nicht. Anfang April lässt er diesen Worten Taten folgen und verschenkt beim Angelus auf dem Petersplatz mehrere Tausend Taschen-Evanglien, die die Päpstliche Druckerei extra für diesen Anlass produziert hat. »Nehmt es, tragt es mit euch, und lest es jeden Tag.« Allerdings erbittet er auch eine Gegenleistung für das Geschenk, macht also eine Art Deal mit den Gläubigen: Sie sollen im Gegenzug für einen Nachbarn beten oder sich mit jemandem versöhnen.

> Heute kann man die ganze Bibel in einem Handy mit sich tragen. Das Wichtige ist, das Wort Gottes zu lesen, mit allen Mitteln.
>
> Papst Franziskus

Später an diesem Tag besucht er die Pfarrei San Gregorio Magno an der südlichen Peripherie von Rom. Das Viertel ist ein sozialer Brennpunkt; in der Pfarrei wird viel für Flüchtlinge, ehemalige Häftlinge und Suchtkranke getan. Auch hier verschenkt Franziskus die kleinen Taschen-Evanglien und sagt: »Lest darin, wenn ihr Schlangestehen müsst oder im Bus fahrt.«

Papst Franziskus und seine Kurienmitarbeiter bei der Ankunft am Casa Divin Maestro bei Ariccia nach ihrer gemeinsamen Anreise mit dem Bus.

Mit der Kurie in den Wald

Den ersten Jahrestag seines Pontifikats begeht Franziskus nicht mit Feierlichkeiten im Vatikan, sondern in den Albaner Bergen. Hierher zieht er sich mit der Spitze der Kurie zu Fastenexerzitien zurück. Nun sind diese Exerzitien in der ersten Woche der Fastenzeit zwar Tradition, neu ist aber die Art und Weise: Franziskus ist der erste Papst, der dem Vatikan dabei bewusst den Rücken kehrt. Statt wie bisher nach den täglichen Predigten im Apostolischen Palast einfach wieder an den Schreibtisch zurückzueilen, nehmen die etwa 80 Kurienmitarbeiter nun eine echte Auszeit für Stille, Meditation und Gebet.

Die Fastenzeit ist eine Zeit des intensiveren Gebets, das in der Lage ist, sich die Nöte der Brüder und Schwestern zu eigen zu machen.

Papst Franziskus

Ziel der gemeinsamen Reise im Bus ist die Casa Divin Maestro, ein kirchliches Bildungshaus mitten im Wald nahe des kleinen Städtchens Ariccia, das etwa 25 Kilometer südlich von Rom liegt. Exerzitienmeister ist nicht wie bisher ein Kardinal, sondern ein einfacher römischer Stadtpfarrer. Eine Woche mit dem Papst im Wald – diese Erfahrung schweißt mit Sicherheit zusammen.

Akzente in den Kartagen

Rund um Ostern ist das Programm des Papstes besonders dicht; Pilger aus aller Welt drängen sich in Rom, die Stadt platzt fast aus den Nähten. Franziskus setzt da ganz unaufgeregt eigene Akzente. Sorgte er im Jahr zuvor noch für Irritierung, als sich unter den zwölf Personen bei der Fußwaschung an Gründonnerstag Muslime befanden, so nimmt das an seinem zweiten Gründonnerstag als Papst die Öffentlichkeit sehr viel gelassener hin. Ein Therapiezentrum für behinderte Menschen am Stadtrand Roms sucht sich Franziskus diesmal für die traditionelle Fußwaschung aus. Junge und alte Menschen sind dabei, auch diesmal ein Muslim und Frauen.

Aufhorchen lässt auch, wer die Meditationen für den Kreuzweg am Kolosseum verfasst: Es ist ein bekannter Mafia-Gegner, der Erzbischof Giancarlo Maria Bregantini. Das Kreuz wird unter anderem von Migranten, Obdachlosen und Gefängnisinsassen getragen.

◄ Während der Karfreitags-Liturgie im Petersdom.

Beim Kreuzweg am Kolosseum in Rom. ►

An die Damen und Herren Mafiosi

In einem ungewöhnlichen Appell wendet sich Papst Franziskus bei an die Akteure des organisierten Verbrechens. Bei einem Gedenkgottesdienst für die Opfer der Mafia, den er mit 900 ihrer Angehörigen in der römischen Pfarrei San Gregorio VII. feiert, sagt er am Ende seiner bewegten Ansprache, den »großen Abwesenden« dieses Abends, »den Männern und Frauen von der Mafia« wolle er auch noch etwas sagen: »Ich bitte euch, ändert euer Leben, bekehrt euch, hört auf, das Böse zu tun!« Zur Gebetsvigil trägt Franziskus die Stola von Giuseppe Diana, einem von der Maffia ermordeten Geistlichen.

Papst Franziskus beim Gebet in der Basilika Santa Maria Maggiore am 20. Juli 2014

Papst Franziskus inzensiert
eine Christusikone bei der Messe
am Ostersonntag.

Am 24. Mai 2014 besucht Papst Franziskus die Taufstelle Jesu am Jordan und verharrt einige Minuten im stillen Gebet.

Der Papst und die Katzen

Vor der Reise von Papst Franziskus ins Heilige Land laufen die Sicherheitsvorbereitungen in Jordanien, Israel und den palästinensischen Gebieten auf Hochtouren. Hoffentlich passiert nichts, hört man immer wieder besorgte Stimmen. »Was die Sicherheit angeht, ist dieser Heilige Vater ein großes Problem«, gibt Pater David Neuhaus zu, der für die Medienkoordination des Papstbesuchs zuständig ist.

Fuad Twal, der Lateinische Patriarch von Jerusalem meint dagegen leicht zynisch: »Wir müssen nicht um die Sicherheit fürchten; Israel verpasst uns davon die notwendige Dosis, um nicht zu sagen eine Überdosis.« 8000 Soldaten sollen den Papst in Jerusalem beschützen, über 300 Beobachtungskameras sind positioniert, Straßen- und Ausgangssperren machen Jerusalem zu einer Geisterstadt. Als Einwohner der Altstadt befürchten, Franziskus werde in den Straßen nur noch von Katzen begrüßt, kommentiert ein israelischer Sicherheitsbeamter: »Draußen wird es auch keine einzige Katze geben.«

Indem Jesus hier an den Jordan kommt, um sich von Johannes taufen zu lassen, zeigt er seine Demut.

Papst Franziskus

Umarmung der Weltreligionen

In einer symbolischen Geste der drei Religionen umarmt Papst Franziskus an der Klagemauer seine beiden Reisebegleiter aus Argentinien: den Rabbiner Abraham Skorka und den Muslim Omar Abboud. Zu dritt stehen sie eng umschlungen vor der Mauer. Ihre Gesichter sieht man kaum, dafür fallen die recht ähnlichen Kopfbedeckungen ins Auge: das Pileolus des Papstes, die Kippa des Rabbi und die Takke des Muslim.

Es ist ein Bild, das um die Welt geht. Was wie eine spontane Geste echter Freundschaft daherkommt, ist sicher auch eine bewusste Aktion: Es soll ein Zeichen dafür sein, dass ein freundschaftliches Miteinander der Religionen möglich ist.

Der Weg zum Frieden festigt sich, wenn wir erkennen, dass wir einen einzigen Vater im Himmel haben und alle seine Kinder sind.

Papst Franziskus

Omar Abboud, der Generalsekretär des Interreligiösen Zentrums in Buenos Aires, kennt Franziskus schon seit 2002. Ihm ist natürlich bewusst, dass nicht überall auf der Welt der interreligiöse Dialog so gut funktioniert wie in seiner Heimat Argentinien. Von dort war er im Februar 2014 mit einer argentinischen Reisegruppe aus Juden, Muslimen und Christen ins Heilige Land gefahren. Auf dem Rückweg hatten sie Papst Franziskus im Vatikan besucht. Der ließ sich von der Aktion wohl inspirieren und sagte zu Abboud: »Lass uns zusammen ins Heilige Land fahren.« So gehörte der Muslim überraschend zur päpstlichen Delegation.

Padre Nuestro

Mit der Klagemauer besucht Franziskus die wichtigste religiöse Stätte der Juden. Täglich kommen hierher Gläubige, um zu beten und Gebetszettel in die Mauerritzen zu stecken. Nach der Überlieferung werden hier, an den Überresten des Jerusalemer Tempels, auch die Gebete von Nichtjuden erhört. Papst Franziskus ist nicht der erste Papst, der einen Gebetszettel in der Klagemauer hinterlässt. Vor ihm haben das auch Johannes Paul II. und Benedikt XVI. getan.
Auf seinen Gebetszettel hat Papst Franziskus handschriftlich das Vaterunser in seiner Muttersprache Spanisch geschrieben. Mit ihm zusammen sind auch seine beiden argentinischen Reisebegleiter gekommen. Rabbi Abraham Skorka steckt ebenfalls ein Gebet in eine Mauerspalte. Es ist auf Hebräisch geschrieben und beginnt mit den Worten »Unser Vater im Himmel ...« – angeblich hatten sich die beiden Freunde nicht abgesprochen.

Seid auch in den Schwierigkeiten des Lebens ein Zeichen der Hoffnung!

Papst Franziskus

Gemeinsam pflanzen Papst Franziskus und Schimon Peres im Garten des Präsidentensitzes einen Olivenbaum als Zeichen des Friedens.

»Kommt in mein Haus!«

Bereits zwei Stunden nach seiner Ankunft im Heiligen Land sorgt Papst Franziskus für eine besondere Überraschung: Vor dem Gebet des Regina Coeli lädt er den Palästinenserpräsidenten Mahmud Abbas und den israelischen Staatspräsidenten Schimon Peres in den Vatikan ein, um gemeinsam mit ihnen für den Frieden zu beten. »Ich biete mein Haus im Vatikan an«, sagt er, »um dieses Gebetstreffen zu beherbergen.« Das ist keine diplomatische Geste, sondern eine ganz persönliche.

Wie sehr braucht die Welt uns als Boten des Friedens, als Zeugen des Friedens!

Papst Franziskus

Beide Präsidenten nehmen die Einladung an, und sehr rasch steht ein Termin fest: Schon wenige Tage nach dem Ende der Papstreise, zum Pfingstsonntag, soll das Gebetstreffen im Vatikan stattfinden. Ob der Friedensprozess, der nach Vermittlungsversuchen der USA wenige Wochen zuvor ins Stocken geraten ist, dadurch wieder in Schwung kommt, wird zwar allgemein bezweifelt. Später erläutert Franziskus vor Journalisten, dass es ihm aber gar nicht um Friedensverhandlungen oder Vermittlungsversuche geht. Allerdings glaube er, »dass das Gebet wichtig ist und dass es hilft, zusammen ohne weitere Diskussionen zu beten«. Der Papst ist sicher nicht der Einzige, der an die Kraft des Gebets glaubt.

Am 8. Juni 2014 treffen Schimon Peres (links) und Mahmud Abbas (Mitte) im Vatikan ein, wo sie gemeinsam mit Papst Franziskus in den Vatikanischen Gärten für Frieden im Nahen Osten beten.

Mauern niederbeten

> Der Friede ist ein Geschenk, das man geduldig suchen und »von Hand« aufbauen muss durch kleine und große Handlungen.
>
> Papst Franziskus

Für viele ist es später das einprägsamste Bild der Papstreise. Auf dem Weg zum Krippenplatz in Bethlehem, wo er die heilige Messe feiern wird, lässt Papst Franziskus spontan das Papamobil halten und steigt aus dem Wagen, um an einer Mauer, die Israel von den Palästinensergebieten trennt, still zu beten. Die etwa acht Meter hohe, mit Stacheldraht bewehrte Betonmauer ist mit Graffiti besprüht: »Free Palestine« steht dort, und: »Pope, we need someone to speak about justice.« (»Papst, wir brauchen jemanden, der über Gerechtigkeit spricht.«) Eine Hand und die Stirn an den Betonwall gelehnt, mit gesenktem Kopf und geschlossenen Augen – so steht Franziskus betend an dieser Mauer.

Bethlehem

Papst Franziskus und Patriarch Bartholomäus küssen den Salbungsstein am Eingang der Grabeskirche in Jerusalem, auf dem der Leichnam Jesu für die Bestattung vorbereitet wurde.

Symbolische Choreografie

Die Grabeskirche ist die wichtigste christliche Kirche: Sie befindet sich an der überlieferten Stelle der Kreuzigung und des Grabes Jesu und wird von vielen unterschiedlichen Konfessionen und Kirchen genutzt, ja, beinahe umkämpft. Wem welcher Teil der Kirche »gehört«, wer wann wo beten darf, all das ist bis ins Detail genau – sogar gesetzlich – geregelt. Wenn unterschiedliche Glaubensrichtungen gleichzeitig Gottesdienst feiern, geschieht das nicht selten gegeneinander, indem man einander mit Orgel oder lautem Gesang übertönt. 2008 hatte es in der Kirche sogar eine Prügelei zwischen armenischen und griechischen Mönchen gegeben.

> Gott, der Quell allen Friedens und aller Liebe, hat uns gelehrt, einander als Glieder ein und derselben christlichen Familie zu betrachten.
>
> Papst Franziskus und Patriarch Bartholomäus

Das diplomatische Eis ist dünn. An der Ökumenischen Feier mit dem Papst nehmen Vertreter von etwa einem Dutzend verschiedener christlicher Kirchen teil, darunter Katholiken, Orthodoxe, Armenier, Lutheraner und Anglikaner. Jeder Teil der »Choreografie« ist dabei symbolisch aufgeladen. Patriarch Bartholomäus und Papst Franziskus betreten die Kirche durch unterschiedliche Eingänge, treffen sich in der Mitte und umarmen einander. Am Ende verlassen sie die Kirche gemeinsam. Beim Wortgottesdienst beten sie zum ersten Mal öffentlich das Vaterunser gemeinsam. Bei dem historischen Treffen zwischen Papst Paul VI. und Patriarch Athenagoras fünfzig Jahre zuvor war das noch nicht möglich gewesen.

Bibliografische Information der Deutschen Nationalbibliothek
Die Deutsche Nationalbibliothek verzeichnet diese Publikation in der Deutschen Nationalbibliografie; detaillierte bibliografische Daten sind im Internet über http://dnb.d-nb.de abrufbar.

Fotonachweis
Cover und alle übrigen Fotos: © picture alliance / dpa
Außer: 46 li, 47 re: © Neftali / shutterstock; 46 re, 47 li: © catwalk / shutterstock; 71, 94, 100, 113: © giulio napolitano / shutterstock; 82/83: © Stefano Spaziani; 105: © KNA-Bild; 115: © Philip Chidell / shutterstock; 129: © neneo / shutterstock

Besuchen Sie uns im Internet:
www.st-benno.de

Gern informieren wir Sie unverbindlich und aktuell auch in unserem Newsletter zum Verlagsprogramm, zu Neuerscheinungen und Aktionen. Einfach anmelden unter www.st-benno.de.

ISBN 978-3-7462-4161-6

Texte: Dr. Stefanie Boden, Leipzig
Umschlag und Gestaltung: Ulrike Vetter, Leipzig
Gesamtherstellung: Arnold & Domnick, Leipzig (A)

Bleibt unerschütterlich auf dem Weg des Glaubens mit der festen Hoffnung auf den Herrn. Darin liegt das Geheimnis unseres Weges! Er gibt uns den Mut, gegen den Strom zu schwimmen.

Papst Franziskus